掼蛋

从新手 → 到高手

李想———著

群言出版社
QUNYAN PRESS
·北京·

图书在版编目（CIP）数据

掼蛋：从新手到高手 / 李想著 .-- 北京：群言出版社，2024.6.--ISBN 978-7-5193-0971-8

I.G892.1

中国国家版本馆 CIP 数据核字第 2024T4E013 号

责任编辑：周连杰
封面设计：仙境设计

出版发行：群言出版社
地　　址：北京市东城区东厂胡同北巷 1 号（100006）
网　　址：www.qypublish.com（官网书城）
电子信箱：qunyancbs@126.com
联系电话：010-65267783　65263836
法律顾问：北京法政安邦律师事务所
经　　销：全国新华书店

印　　刷：三河市祥达印刷包装有限公司
版　　次：2024 年 7 月第 1 版
印　　次：2024 年 7 月第 1 次印刷
开　　本：710mm×1000mm　　1/16
印　　张：8.5
字　　数：82 千字
书　　号：ISBN 978-7-5193-0971-8
定　　价：59.80 元

前言

掼蛋：一种融合智慧与乐趣的竞技游戏

"今天您掼蛋了吗？"近两年，掼蛋——这款起源于江苏淮安地区的扑克牌游戏迅速"破圈"，在全国范围内掀起了一股热潮。据不完全统计，全国掼蛋玩家数量已经达到了惊人的 1.4 亿，仅在江苏和安徽两省就有超过 2000 万的民众热衷于参与各类掼蛋活动。

"饭前不掼蛋，等于没吃饭；饭后不掼蛋，等于白吃饭""掼蛋打得好，说明有头脑；掼蛋打得精，说明思路清"……从这些广泛流传于民间的顺口溜足以看出掼蛋的流行程度以及大众对掼蛋的喜爱程度。

掼蛋的背后蕴含着深厚的文化底蕴和民众智慧。掼蛋起源于民间，经过数次演变和发展，逐渐形成了今天大众所熟知的游戏。在这个过程中，掼蛋不仅成为人们休闲娱乐的好伙伴，更成为一种文化现象，展现了普通老百姓独特的审美情趣。

如今，兼具娱乐性、益智性和竞技性的掼蛋，已经从民间娱乐游戏一跃成为一项正规的竞技体育运动。2022 年底，国家体育总局棋牌运动管理中心审定发布了全国统一的《竞技掼蛋竞赛规则（试行）》，为掼蛋运动的普及与发展提供了保障。自此，全国大大小小的掼蛋比赛竞相开展，该项目还于 2023 年被纳入第五届全国智力运动会表演项目。

作为一项潜力巨大的大众智力运动，掼蛋不仅结合了传统扑克游戏的精髓，还融入了地方特色和创新元素，它不仅是一种娱乐方式，更是一种智慧的较量、策略的博弈。与传统的扑克游戏相比，掼蛋的玩法更丰富、趣味性更高。掼蛋采用两副扑克，由四人参与，以两两结队、输赢升级的方式进行。玩家之间的默契配合和激烈对抗，更是让掼蛋游戏充满了紧张刺激和无穷乐趣。

在掼蛋牌局中，每种牌型都有其独特的价值。在玩家的巧妙组合下，它们或作为玩家进攻的利器，或作为玩家防守的屏障。在竞赛过程中，玩家需要具备敏锐的洞察力、丰富的想象力和果断的决策力，每一次出牌策略的调整都可能影响整个局势的走向。因此，玩家只有时刻保持清醒的头脑和冷静的心态，才能在激烈的竞赛中立于不败之地。

作为一项极具竞技性的项目，玩家要想在比赛中获得胜利，就需要熟练掌握相关规则和策略技巧。《掼蛋 从新手到高手》这本书正是为了帮助对掼蛋充满热情、亟须提升掼蛋技巧的玩家而编写。

本书在编写过程中，力求做到系统、全面、实用，从掼蛋的起源与规则讲起，逐步深入到各种实战技巧和策略的讲解，书中还结合了大量实战案例，让读者能够更直观地感受这些技巧和策略的实际应用效果。希望通过这些内容的介绍，读者能够更深入地理解掼蛋的精髓，掌握其中的要领，从而在游戏或比赛中取得更好的成绩。同时，也希望读者在阅读本书后，能够更加深入地了解掼蛋游戏的魅力和价值所在，感受到中华文化的博大精深和人民智慧的无穷魅力。

　　总而言之，《掼蛋　从新手到高手》是一本全面而实用的掼蛋教学指南，旨在帮助广大掼蛋爱好者从入门到精通，掌握这项深受大众欢迎的扑克牌游戏的精髓。本书不仅是一本适合初学者的入门指南，更是一本助力高手进阶的实战宝典。无论你是刚刚接触掼蛋的新手小白，还是有一定基础的玩家，都能够通过阅读本书获得有力的帮助和启示。让我们一起翻开这本书，开启成为掼蛋高手之旅吧！

目　录
CONTENTS

♠ 第一篇　掼蛋新手入门篇：菜鸟起飞，不再撞墙

第 1 章
掼蛋初体验：了解掼蛋游戏的起源、魅力 ／ 002

第 1 节　掼蛋的起源 ／ 003
第 2 节　掼蛋与常规扑克游戏的不同之处 ／ 004

第 2 章
牌型大揭秘：牌型大观园，认识牌型小伙伴 ／ 006

第 1 节　掼蛋用牌 ／ 007
第 2 节　掼蛋牌型种类 ／ 009
第 3 节　掼蛋牌型大小 ／ 010
第 4 节　掼蛋特殊牌 ／ 019

第 3 章
规则轻松学："我是谁""我在哪""我在干什么"／ 024

第 1 节　输赢规则判断 ／ 025
第 2 节　玩法归总 ／ 027

♥ 第二篇　掼蛋进阶修炼篇：菜鸟变高手，一步一脚印

第 4 章
牌桌风云起：策略心中藏，待时展锋芒 / 032

第 1 节　掼蛋的座位轮换 / 033
第 2 节　掼蛋洗牌、切牌、抓牌 / 038
第 3 节　手牌整理与分析 / 043
第 4 节　进贡、还贡与抗贡 / 049
第 5 节　得分和升级规则 / 053

第 5 章
牌桌风云动：掌握出牌规则，事半功倍 / 058

第 1 节　出牌规则 / 059
第 2 节　出牌注意事项 / 063

◆ 第三篇　牌组技巧提升篇：深入挖掘，打造无敌牌组

第 6 章
掼蛋技巧集：好的技巧，让你赢在起跑线 / 068

第 1 节　记牌的技巧 / 069
第 2 节　组牌的技巧 / 074

第 3 节　出牌的技巧 / 078
第 4 节　贡牌的技巧 / 097

第 7 章
掼蛋应变法：找到捷径，让对方措手不及 / 102

第 1 节　倒着出牌还是顺着出牌 / 103
第 2 节　弱打强牌，强打弱牌 / 105

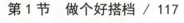 第四篇　掼蛋实战进阶篇：出牌如博弈，布局要灵活

第 8 章
对弈心理战：那些年被我们坑过的"上家""下家" / 110

第 1 节　压制上家出牌 / 111
第 2 节　阻止下家出牌 / 114

第 9 章
搭档不一般："神级"掼蛋搭档练成记 / 116

第 1 节　做个好搭档 / 117
第 2 节　牺牲精神不可少 / 120

术语大揭秘

第一篇

掼蛋新手入门篇

第一篇

掼蛋新手入门篇

菜鸟起飞，不再撞墙

第1章

掼蛋初体验

了解掼蛋游戏的
起源、魅力

第 1 节　掼蛋的起源

如今，要说最受欢迎的扑克牌游戏，那就非掼蛋莫属了。自 2017 年以来，国家体育总局将掼蛋视为一项富有趣味性和智力挑战的体育运动，并积极向全国推广。到了 2022 年，安徽、山东等地陆续设立了以"掼蛋"为主题的相关协会，推动了掼蛋的普及和发展。2023 年，春晚小品《坑》中有这么一句台词："把你们借我的几件实事整理一下发我们那掼蛋群里。"掼蛋这个扑克牌游戏也因此上了一次热搜，引起了广泛的讨论。

从全国层面看，掼蛋社团的数量不断增加。在同一年，海南省和贵州省分别建立了他们独立的掼蛋运动协会，这一举措为该地区的掼蛋爱好者提供了更广泛的参与机会。这两个协会的成立标志着掼蛋运动在这些地区的确立，为其在全国范围内的发展提供了更多可能性。掼蛋游戏不但在国内盛况空前，而且在国外也不甘示弱。许多华人华侨在美欧和东南亚等地区对掼蛋这一扑克牌游戏情有独钟，并组建了以掼蛋为主题的协会和俱乐部。这些组织为喜爱掼蛋的玩家们提供了交流和活动的平台，促进了该游戏在国际范围内的传播和发展。不止如此，与掼蛋有关的比赛更是举目可见。掼蛋博物馆、掼蛋电视节目、掼蛋电影……掼蛋方兴未艾，正以势不可挡的步伐前进着。

看着如今掼蛋在全国各地的火爆境况，让人禁不住联想到掼蛋的起源。掼蛋兴起于南闸，也长于南闸。这里说的南闸，就是江苏省淮安市淮安区南闸镇，也就是现在的漕运镇。掼蛋最早出现是在 20 世纪 60 年代末。20 世纪 60 年代末，时任南闸供销社主任樊越荣由于工作的原因经常要去外地联系业务、采买商品，在外出的路途上接触到很多种扑克牌游戏。他的牌搭子里有一位是南闸信用社外勤会计耿志昌。耿志昌的一位叔叔在上海火车站工作，他每年都会两次前往探望，并在上海逗留几天。随着时间的推移，耿志昌逐渐掌握了类似于"打对门"这样的纸牌游戏。他在玩游戏的过程中不仅享受着其中的乐趣，还发现了这种游戏所蕴含的策略和技巧，从而逐渐提升了自己的打牌水平。组局打牌的除了这两个人，还有孙兆成和陶万智。这四个人在玩牌的过程中突发奇想，创造了一种新的纸牌游戏。这款新型纸牌游戏集结了"打对门""争上游"和"打夯"等多款热门游戏的经典玩法，为耿志昌和他的牌搭子们带来了前所未有的娱乐体验。为了增加玩牌的乐趣，他们还在其基础上不断琢磨新的玩法。早期的掼蛋，就是在新的尝试下逐渐流行开来的。

在掼蛋这个游戏成熟之后，当地人把游戏的名字叫做"GuanDan"，由于用的是当地的方言发音，也就没有办法有明确的中文来表达。后来，随着这个纸牌游戏的进一步普及，玩家群体进一步扩大，掼蛋走出了南闸，走向了整个淮安，这个名字也延续下来。

掼蛋游戏在南闸兴起并风靡，这与当地特有的文化环境密不可分。南闸地处水乡，渔民们在闲暇时经常聚在一起，打扑克成了他们共同热衷的消遣方式。这些真正热爱打扑克牌的玩家，运用他们的智慧创造了一个在几十年后风靡全国的娱乐项目，这应该是他们万万想不到的事情。掼蛋的流行，仍然在继续。新的玩家，是时候踏上掼蛋的征程了！

第2节　掼蛋与常规扑克游戏的不同之处

掼蛋与常规扑克游戏在游戏规则、游戏牌数、牌型组合、出牌规则、升级和胜负判定等方面都有所不同。下面我们进行简要的说明。

游戏规则的不同

掼蛋通常需要四位玩家，两两组队，需要队友之间相互配合尽快出完手中的牌，这样才能算胜利。常规扑克游戏有不同玩法和多种游戏规则，比如常见的德州扑克、桥牌和斗地主等，每种游戏都有独特的玩法和规则。

游戏牌数的不同

在掼蛋游戏中，玩家共使用两副扑克牌，红桃、黑桃、方块、梅花每种花色的A至K各两张，以及大小王各两张，共108张。这种牌数丰富了掼蛋的牌面组合，让游戏变得更为有趣，也更具有挑战性。而常规扑克游戏通常使用一副牌，包括红桃、黑桃、方块、梅花四种花色的 A 至 K 各一张，以及大小王各一张，共 54 张。

牌型组合的不同

掼蛋中的牌型包括单张、对子、三连对、三同张、三同连张、三带对和四大天王等，这些牌型的组合方式丰富了掼蛋游戏的趣味性，玩家可以根据手中的牌型进行组合。而常规扑克牌牌型相对简单并且不同扑克游戏也有着不同的牌型，比如德州扑克的牌型通常是连牌、四条、满堂红等。

出牌规则的不同

在掼蛋游戏中，需要两副扑克牌，且需要玩家之间两两组队，相互配合，并引入了"百搭"概念，这使得掼蛋的牌面组合更为丰富，增加了游戏的复杂性和变化性。在出牌时，玩家需要根据牌型的大小和规则来出牌，每一轮出牌都需要压制上一家的牌型。

而在常规扑克游戏中，玩家需要根据不同游戏所特定的大小规则进行出牌，比如牌的大小按照 A、K、Q、J……依次排列，炸弹则可以压制除了比自己点数更大的炸弹以外的任何牌型。

升级和胜负判定的不同

在掼蛋游戏中，玩家会通过赢得每副牌局来获取升级机会。比如，如果一方双下（即一方的两位玩家都未能在对方出完牌之前出完牌），则赢家升 3 级；如果对手有一家为下游（即最后一个出完牌），赢家升 2 级；如果赢家对面是下游，赢家升 1 级。此外，还需特别注意的是，在打 A 时，获胜方必须一人为上游、一人不是下游才能算顺利过 A。

而普通扑克通常是玩家在游戏过程中获取分数或优势，这样就可以晋级到下个级别或更高阶段。这通常涉及特定的得分规则，如通过打出特定的牌型或组合来获得分数，或者在游戏中赢得一定数量的回合。

第2章

牌型大揭秘

牌型大观园，
认识牌型小伙伴

第 1 节　掼蛋用牌

　　掼蛋游戏通常采用两副标准扑克牌。一副扑克牌共 54 张，包含 52 张正牌和 2 张副牌。

　　其中，52 张正牌分为黑桃、红桃、方块、梅花四种花色，每种花色各13张（2、3、4、5、6、7、8、9、10、J、Q、K、A）；2 张副牌为大王和小王各 1 张。

　　掼蛋游戏全副牌共计 108 张。

黑桃

　　黑桃花色为黑色树叶，全副牌包含2—10各2张，J、Q、K、A各2张，共26张。

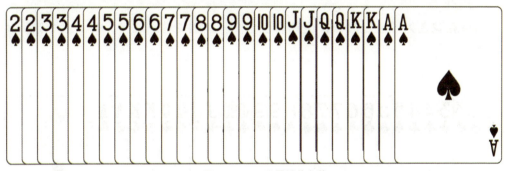

图 1-2-1　26 张黑桃花色牌

红桃

　　红桃花色为红色桃心，全副牌包含2—10各2张，J、Q、K、A各2张，共26张。

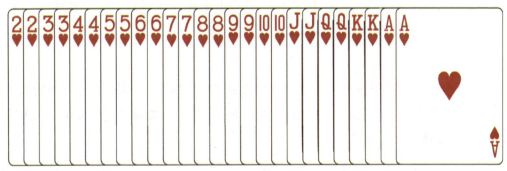

图 1-2-2　26 张红桃花色牌

方块

方块花色为红色钻石，全副牌包含2—10各2张，J、Q、K、A各2张，共26张。

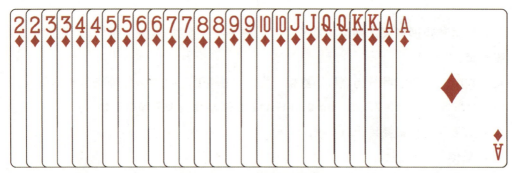

图1-2-3　26张方块花色牌

梅花

梅花花色为黑色三叶草，全副牌包含2—10各2张，J、Q、K、A各2张，共26张。

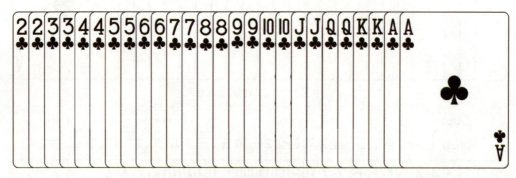

图1-2-4　26张梅花花色牌

大王和小王

大王和小王牌面上的图案一般为小丑或身穿铠甲的战士，并且两个对角处都印有"JOKER"字样。大王以红色为主色调，小王以黑色为主色调。全副牌包含大王和小王各2张，共4张。

图 1-2-5　2 张大王和 2 张小王

第 2 节　掼蛋牌型种类

牌型是指扑克牌的组合方式。根据游戏规则，掼蛋有多种牌型组合方式，如单张、对子、三同张、三带对、三连对、三同连张、同花顺、炸弹等。需要注意的是，同花顺的花色一定是完全相同的，但其他牌型的花色则不必完全一致。

表 1-2-1　掼蛋牌型种类及唱牌方法

牌型名称	牌型解释	举例	唱牌方法
单张	手中任意花色、任意点数的一张牌	例如，5、8、10	例如，"一个 5""一个 8""一个 10"
对子	两张牌点相同的牌组成的牌型，花色可不同	例如，一张黑桃 2 和一张方块 2、一张梅花 7 和一张红桃 7、一张红桃 8 和一张梅花 8	例如，"对 2""对 7""对 8"
三同张	三张相同牌点组成的牌型，花色可不同，也叫"三不带"	例如，红桃 3 方块 3 黑桃 3 黑桃 Q 梅花 Q 红桃 Q	例如，"三个 3""三个 Q
三同连张	两个牌点相邻的三同张牌组成的牌型，也叫"钢板"	例如，333+444、555+666	例如，"三顺 34""三顺 56"

牌型名称	牌型解释	举例	唱牌方法
三连对	三对牌点相邻的牌，花色可不同，也叫"木板"	例如，22+33+44、66+77+88	例如，"三连对234""三连对678"
三带对	一个三同张加一个对子组成的牌型	例如，999+33、888+22	例如，"三个9带一对3""三个8带一对2"
顺子（杂花顺）	五个牌点相邻的单张组成的牌型，花色不完全相同	例如，34567、910JQK	例如，"顺子23456""顺子910JQK"
同花顺	五个牌点相邻且花色相同的顺子	例如，红桃34567、梅花678910	例如，"同花顺34567""同花顺678910"
炸弹	四张及其以上牌点相同的牌，最多八张同数值牌	例如，2222、33333、444444	例如，"四个2""五个3""六个4"
四大天王	两张大王和两张小王组成的牌型，也叫"天王炸"，是所有牌型中最大的牌型	大王 + 大王 + 小王 + 小王	一般是"天王炸"

第3节　掼蛋牌型大小

掼蛋中一共有十种牌型，它们从整体上可以划分为两大类：一类是炸弹牌型，包括四大天王、同花顺和同牌炸三种低频牌型；一类是普通牌型，包括单张、对子、三同张、三带对、顺子、三连对、三同连张七种常见牌型。

从总体上看，炸弹牌型＞普通牌型，也就是说炸弹牌型可以压制所有的普通牌型。

炸弹牌型大小比较

在掼蛋游戏中，炸弹牌型的攻击力和防御力都十分强大。在一场牌局中，玩家能否获得上游，很大程度上取决于手中炸弹数量的多少，抓到的炸弹越多获胜的概率往往也越大。

需要注意的是，在炸弹牌型中，牌型不同或张数不同，牌力大小也会有所不同。因此，掼蛋玩家需要充分理解这些炸弹牌型的特点，精准掌握不同炸弹牌型的牌力大小。这是提高掼蛋水平的重要基础，也是在掼蛋竞技中获胜的关键。

炸弹牌型的大小排序为：四大天王＞六头及六头以上的炸弹＞同花顺＞五头炸＞四头炸。当炸弹牌型一致时，则可以直接根据牌点大小进行比较。

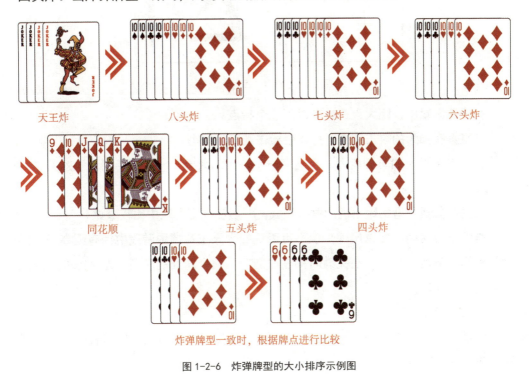

图 1-2-6　炸弹牌型的大小排序示例图

1. 掼蛋"四大天王"

四大天王由两张大王和两张小王组成，是掼蛋中最大的炸弹，可以压制其他任何一种牌型，可以说是掼蛋游戏中的绝对王者。

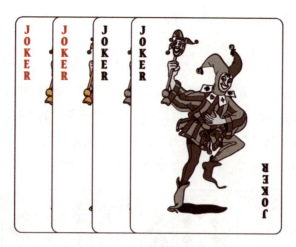

图 1-2-7 掼蛋"四大天王"

在掼蛋游戏中，四大天王具有以下三个特点：

一是具有强大的攻击能力，可以轻松击败其他牌型；

二是具备强大的防御能力，当玩家一手齐出四大天王时，对手则无法对其进行攻击；

三是与其他牌型相比出现的概率较低，一般在掼蛋游戏中比较罕见。

虽然这种牌型不经常出现，但不可否认四大天王在掼蛋游戏中拥有至高无上的地位和极高的战术价值，在关键时刻往往能决定整个牌局的胜负，是玩家获取游戏胜利的重要保证。

2. 同牌炸的大小比较

同牌炸也叫"多头炸"，由四张及以上点数相同的牌组成。根据张数不同，同牌炸可以分为四头炸、五头炸、六头炸、七头炸、八头炸。

当张数不同时，张数越多则牌型的强度越高、牌力越大，即八头炸＞七头炸＞六头炸＞五头炸＞四头炸。也就是说，张数多的同牌炸可以压制任何张数少的同牌炸，不需要考虑牌点大小。例如，33333>5555，888888>KKKKK。

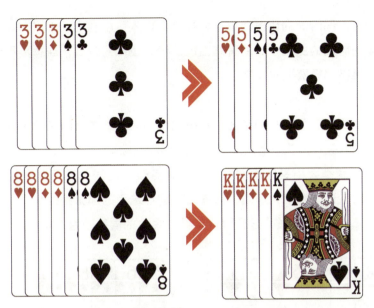

图 1-2-8　不同张数同牌炸的大小比较示例图

当张数相同时，则可以直接根据牌点大小进行比较，牌点数值越大则牌型越大。例如，9999>7777，QQQQQ>JJJJJ。

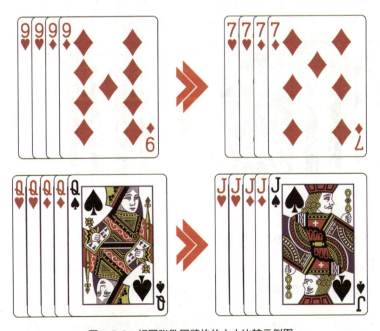

图 1-2-9　相同张数同牌炸的大小比较示例图

总体而言，同牌炸的攻击力也十分强大，玩家可以利用同牌炸有效压制对手出牌，从而掌握牌局的主动权。同牌炸出现的概率也相对较高，当牌数不够时玩家还可以利用红桃级牌轻松组成炸弹。

3. 同花顺的大小比较

同花顺是由五张具有相同花色并且牌点相连的牌组成。同花顺可以压制四头炸和五头炸，而六头及六头以上的炸弹可以压制同花顺。

同花顺的牌型大小是由牌点决定的，牌点较大的同花顺可以压制牌点较小的同花顺。在比较同花顺的大小时，只需比较牌点最大的那张牌的大小。例如，方块A2345 < 方块56789。最小的同花顺为A2345，最大的同花顺为10JQKA。

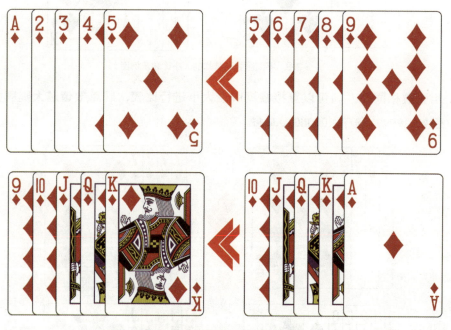

图 1-2-10 同花顺大小比较示例图

同花顺作为一种炸弹牌型，同样具有较强的攻击力和控制力，能够在关键时刻帮助玩家扭转牌局。但是，同花顺出现的概率并不高，而且玩家为了组成同花顺可能会拆出来很多无用的单张牌，因此在组成同花顺前还需综合考虑手中所有的牌。

普通牌型大小比较

除了稀有的炸弹牌型，掼蛋还有单张、对子、三同张、三带对、三连对、顺子、三同连张七种常见的普通牌型。

在普通牌型中，若牌型不同则无法进行大小比较，只有在牌型完全一致、张数也相同的情况下才可以比较大小。也就是说，普通牌型不可以跨型进行压制。同一种普通牌型的牌力大小一般是由点数来决定的，点数较大的牌型其牌力也更大。

1. 单张的大小比较

在掼蛋游戏中，大王最大，其次是小王、级牌和A，其他单张的大小由牌点的大小决定。单张的大小排序为：大王＞小王＞级牌＞A＞K＞Q＞J＞10＞9＞8＞7＞6＞5＞4＞3＞2。

当级牌不是2时，2为最小的单张。当级牌为2时，单张从大到小排序为：大王＞小王＞2＞A＞K＞Q＞J＞10＞9＞8＞7＞6＞5＞4＞3。需要注意的是，在掼蛋游戏中比较单张的大小时不需要考虑花色。

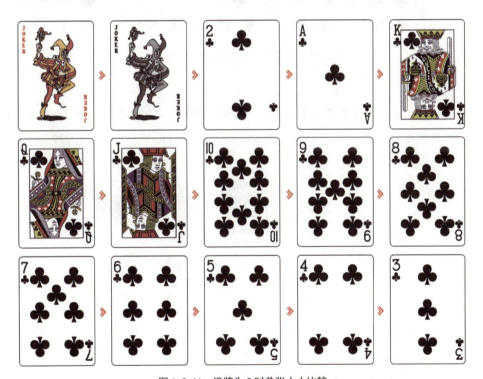

图 1-2-11　级牌为2时单张大小比较

2. 对子的大小比较

在比较对子的大小时只需比较单张牌点的大小。例如，当级牌为 2 时，对子的大小排序为：对大王＞对小王＞ 22 ＞ AA ＞ KK ＞ QQ ＞ JJ ＞ 1010 ＞ 99 ＞ 88 ＞ 77 ＞ 66 ＞ 55 ＞ 44 ＞ 33。

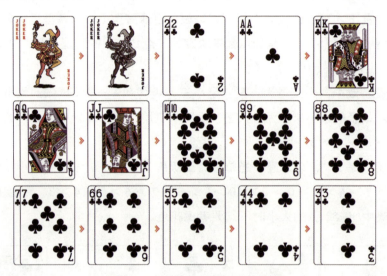

图 1-2-12　级牌为 2 时对子大小比较

3. 三同张的大小比较

三同张的牌力强度主要也是由其单张牌点的数值决定。例如，当级牌为 2 时，三同张的大小排序为：222 ＞ AAA ＞ KKK ＞ QQQ ＞ JJJ ＞ 101010 ＞ 999 ＞ 888 ＞ 777 ＞ 666 ＞ 555 ＞ 444 ＞ 333。

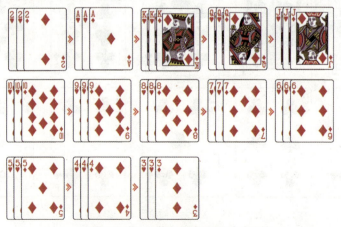

图 1-2-13　级牌为 2 时三同张大小比较

4. 三带对的大小比较

在比较三带对的大小时，比较张数较多的牌型的牌点大小即可，即只需比较三同张的牌点大小，不需比较所带对子的牌点大小。例如，999+33 ＞ 333+JJ，999+33 和 999+JJ 大小相同；当级牌为 2 时，222+55 ＞ AAA+55。

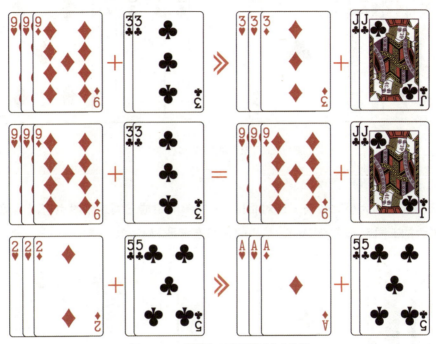

图 1-2-14　级牌为 2 时三带对大小比较

5. 三连对的大小比较

在比较三连对的大小时，只需比较最大对子的牌点大小即可，最大的三连对为 QQKKAA。需要注意的是，由于 A 可以下放，因此最小的三连对为 AA2233。

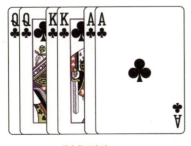

最大的三连对

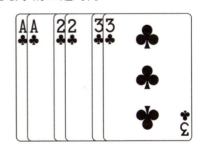

最小的三连对

图 1-2-15　最大的三连对和最小的三连对

6. 顺子的大小比较

在比较顺子的大小时只需比较连续单张中牌点最大的那张牌，最大的顺子为10JQKA，最小的顺子为A2345。

最大的顺子

最小的顺子

图 1-2-16　最大的顺子和最小的顺子

7. 三同连张的大小比较

三同连张的大小比较与三连对相同，A 在参与组成三同连张时也可以下放。因此，最大的三同连张是 KKKAAA，最小的三同连张是 AAA222。

最大的三同连张

最小的三同连张

图 1-2-17　最大的三同连张和最小的三同连张

第 4 节　掼蛋特殊牌

掼蛋游戏中有三种特殊牌，分别是级牌、红桃级牌和下放牌。这三种特殊牌在掼蛋牌局中起着非常重要的作用，玩家熟练掌握它们的使用技巧，有助于提升自己的竞技水平，进而保证自己在游戏中占据优势地位。

级牌

掼蛋游戏的经典玩法是通过各种技巧和策略获得升级机会。在每次牌局开始前，玩家需要依据上一副牌局的胜负情况确定本副牌局的级牌。

所谓级牌，就是指牌点数值与上一副牌中上游玩家所升至级数一致的各个花色牌。在全副牌中，级牌一共分为 13 个级数，即 2、3、4、5、6、7、8、9、10、J、Q、K、A。同一级数的级牌共有 8 张。例如，当级数为 2 时，级牌为黑桃 2、红桃 2、方块 2 和梅花 2 各两张，共 8 张。

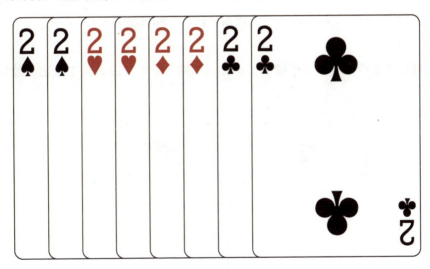

图 1-2-18　8 张级牌 2 示例图

在掼蛋游戏中，首副牌的级牌为 2，也就是说掼蛋玩家开局需从 2 开始打，之后每副牌按照从小到大的顺序进行升级，直至升级到 A。每副牌结束后，本副牌的级数与上游所在方的升级数进行累加，就是下一副牌的级数。

级牌还可以插带使用。玩家可以根据级牌的原始牌点大小，将其插入到同花顺、顺子、三连对、三同连张等各种牌型中使用。例如，如果级牌是8，玩家手中有5679，那么可以和级牌8一起组成"顺子56789"。

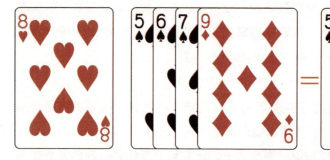

级牌为8　　　　　　　玩家手中有5679，那么可以和级牌8一起组成"顺子56789"

图 1-2-19　级牌插带使用示例图

级牌作为一种特殊牌，在掼蛋游戏中牌力极强，仅次于大小王。掼蛋玩家充分了解级牌的特点和使用规则，是提高掼蛋竞技水平和获胜的关键。

红桃级牌

红桃级牌是指红桃花色的级牌，比如当级牌为2时，那么两张红桃2就是红桃级牌。

图 1-2-20　级牌为2时两张红桃级牌

根据掼蛋游戏规则，红桃级牌也可以进行插带使用，可以当作除大王和小王之外的任意牌，与其他任意牌点的花色牌进行搭配组成顺子或者连成炸弹等特定牌型。因此，红桃级牌也被称为"百搭牌"或"逢人配"。

简单来说，玩家手中如果断牌，可以用红桃级牌代替缺牌，填补任何牌型的空缺。需要注意的是，当玩家用红桃级牌充当其他牌张进行组牌时，应将红桃级牌摆放于所替代的牌点位置，并在必要时说明牌型及牌点。

例如，当级牌为 2 时，两张红桃 2 即为任意牌，当玩家手中有 5679 时，就可以将一张红桃 2 当成 8 插入牌型中，组成"顺子 56789"；两张红桃 2 还可以和 555 组成一个五头炸 55555。

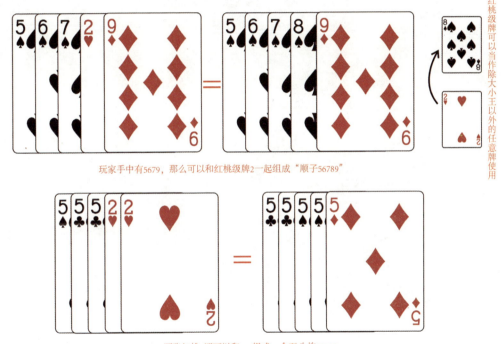

玩家手中有5679，那么可以和红桃级牌2一起组成"顺子56789"

红桃级牌可以当作除大小王以外的任意牌使用

两张红桃2还可以和555组成一个五头炸55555

图 1-2-21　红桃级牌 2 插带使用示例图

下放牌

掼蛋游戏中的下放牌特指 A。A 在掼蛋中可大可小，位置也相对灵活，不仅可以放在 K 之后，还可以放在 2 之前作为最小的牌点 1 使用，此时 A 就被称为下放牌。

　　A 作为下放牌，可以灵活地参与组成三连对、三同连张、顺子、同花顺等多种牌型。例如，A 与 2345 可以组成"顺子 A2345"；AA 与 2233 可以组成"三连对 AA2233"；AAA 与 222 可以组成"三顺 AAA222"。

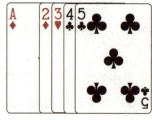  

A与2345可以组成"顺子A2345"　　AA与2233可以组成"三连对AA2233"　　AAA与222可以组成"三顺AAA222"

图 1-2-22　下放牌 A 组连牌示例图

第3章

规则轻松学

"我是谁" "我在哪"
"我在干什么"

第 1 节　输赢规则判断

掼蛋游戏是一项由四人参与的竞技活动，玩家通过两两组队进行对战，以出完手中所有牌的先后顺序来决定升级级数，以输赢升级的方式来决定最终的胜负。

输赢判断规则

每副牌局开始后，领出玩家可任意出一种牌型，其他玩家按照逆时针方向依次跟牌。若同一方玩家中有一位率先打完手中的牌，即获得了上游，那么本副牌结束后，获得上游的这一方就可以进行升级，最终依据双方升级的级数来判定输赢。

简单来说，一副牌的输赢规则主要是基于这副牌中四位玩家出完手牌的顺序。一副牌结束后，最先出完牌的玩家为上游，依次为二游、三游，最后一个出完牌的是下游。只有获得上游的一方可以进行升级，未获得上游的一方则不可以进行升级。

在掼蛋比赛中，最低级数为 2，最高级数为"过 A"。每局双方都必须从 2 开始打起直至升到 A，打过 A 则游戏结束，最先打过 A 的一方获得掼蛋比赛的最终胜利。

过 A 判定规则

根据掼蛋游戏规则，当一方级数打到 A 时，其中一人必须获得上游，且另一人不能是下游，只有满足这两个条件，打 A 的一方才算"过 A"，方可赢得比赛。

若不满足以上两个条件，则牌局继续，打 A 的一方需继续打 A，直到满足条件或对方先打过 A，牌局才能结束。

玩家一共有三次机会打 A，如果三次都没有打过级数 A，则需要退到级数 2 重新打，从打 2 开始继续升级。

还需要注意的是，在掼蛋游戏中级数 A 必须打，如果获得上游的一方升级数超过 A，也不可以直接跳过级数 A。

例如，当前牌局一方级数打 Q，其中一人获得上游，一人获得二游，按规则该方可以连升 3 级，但是 Q 升 3 级后就超过了级数 A，因此根据"A 必须打"的原则，下一副牌该方必须打 A。

胜负判定标准

在掼蛋游戏中，若赛制不同，那么胜负判定标准也有所差别。

国家体育总局棋牌运动管理中心于 2022 年审定了《竞技掼蛋竞赛规则（试行）》，其中第十二条规定了单轮不同赛制的胜负判定标准。

表 1-3-1　单轮不同赛制的胜负判定标准

赛制	胜负判定
计轮制	每轮比赛在规定的时间或规定的副数内结束，级数高者胜。如一方过 A，比赛提前结束
计副制	每轮比赛打完规定的副数结束，级数高者胜
计时制	每轮比赛在规定时间内结束，级数高者胜
计时计副制	每轮比赛在规定的时间或规定的副数结束，级数高者胜

需要注意的是，如果比赛规定的时间或副数结束，双方升级的级数相同，则视为平局，此时需进行加赛，直至决出胜负。

第 2 节　玩法归总

掼蛋游戏除了经典升级玩法，还有"不洗牌""团团转"等创新玩法，每种玩法都有各自的特点和规则。

不洗牌玩法

掼蛋不洗牌玩法的特点在于玩家抓到炸弹的概率大大增加，这种玩法更侧重于玩家对炸弹的运用。在这种玩法中，玩家需要掌握三个关键要点。

要点一：抓住时机及时出炸。

在出牌过程中，玩家要在合适的时机及时出炸，尤其是一些小炸，不要让炸弹烂在自己手上，只有及时出炸才能有效压制对手。这是掼蛋不洗牌玩法中需要玩家特别注意的一点。

要点二：灵活调整出牌策略。

在不洗牌玩法中，虽然己方的手牌中炸弹较多，但是对方手中的炸弹往往也不少。因此，每位玩家都需要认真分析牌局，猜测自己手中的炸弹能否压制其他玩家的炸弹，还需要观察手中其他牌型的牌力大小，以及通过记牌和算牌来预测对手的牌型，从而灵活调整出牌顺序和策略，提高获胜概率。

要点三：注重与队友的配合。

掼蛋是一个需要团队合作的游戏，在不洗牌玩法中，玩家之间也需要互相打好配合。我们可以在领出牌时为队友送牌，为其创造出牌的机会；或者当自己手中有困难牌需要处理时，也可以寻求队友的帮助。

团团转玩法

掼蛋团团转玩法以其独特的得分机制和换位置规则，为玩家带来了全新的游戏体验。

特点一：固定级牌 2。

团团转玩法的级牌是固定的，每盘都打 2 这一级，不涉及升级的概念，也没有进贡、还贡规则，主要是每盘根据输赢计算得分。

特点二：灵活换位置。

在团团转玩法中，每盘都要随机抽取一张"明牌"，抽到这张明牌及与这张明牌相同的两个玩家组成一队，此时可以灵活换位置成为对家。若两张明牌在同一玩家手中，那么该玩家与其对家组成一队。每盘结束后会进行结算，结算后玩家可以选择离开或换桌。

第二篇

菜鸟变高手，一步一脚印

掼蛋进阶修炼篇

2

第二篇
掼蛋进阶修炼篇

菜鸟变高手，一步一脚印

第4章

牌桌风云起

策略心中藏，待时展锋芒

第1节　掼蛋的座位轮换

　　掼蛋的游戏座位与其他扑克游戏座位有所差异。掼蛋的座位主要根据抽签法来决定。但抽签法也分为三种形式。

　　第一种形式是根据扑克牌的花色来决定。先在红桃、方块、黑桃和梅花中各抽取一张，将四张牌进行简单洗牌，然后背面朝上放置在牌桌中间。先确定哪个花色分别对应哪个位置，随后玩家进行随机抽牌，完成后坐到对应座位，相对而坐的两位玩家便是队友。

根据花色决定座次

图 2-4-1　根据花色决定座次示意图

　　第二种形式是根据扑克牌的点数大小来决定。先根据扑克牌的点数大小随机抽取四张牌，将这四张牌背面朝上放在牌桌中间。然后确定好最小点数对应的位置。按照逆时针方向从小到大排座，相对而坐的两个玩家便是队友。

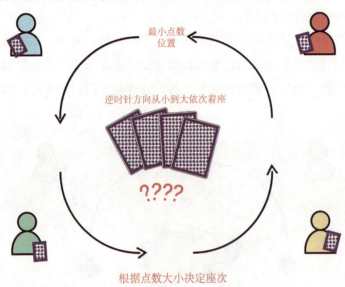

图2-4-2　根据点数大小决定座次示意图

第三种形式也是根据扑克牌的点数大小来决定，但稍有不同的是，需要根据玩家手中牌的大小决定座位的东南西北四个方向。手中牌面大的玩家可以选择东方座位入座，这也是为了更好遵循中国"东方为尊"的传统文化，入座之后，相对而坐的玩家是队友，左右两侧是对手。以自己为中心，按逆时针来判断，依次是下家、对家和上家。

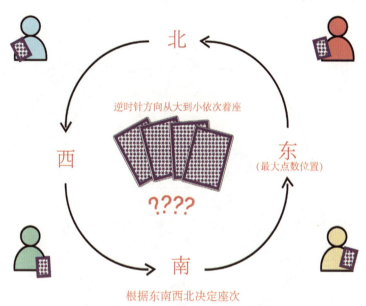

图 2-4-3　根据东南西北四个方向决定座次示意图

若是在竞技比赛中，那么玩家则应该按照主办方公布的桌号和位置入座。需要注意的是，在比赛过程中不可换人，只有在牌局结束之后才可以换人，否则视为弃权。

　　在掼蛋游戏中，轮换座位也需要严格遵循游戏规定，一般要根据上一轮游戏的名次来进行轮换。由下游洗牌，上游随机在扑克牌里抽取一张牌，然后将此牌正面朝上插入牌摞中，成为牌中的明牌。接着，下游按照逆时针方向依次拿牌，拿到明牌的玩家座位不进行轮换，该玩家的上家或是下家拿到与明牌相同的牌时，将会成为该玩家的队友。拿牌结束之后，坐到相应的位置上即可。

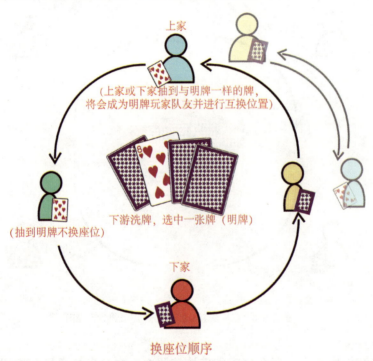

上家

（上家或下家抽到与明牌一样的牌，将会成为明牌玩家队友并进行互换位置）

（抽到明牌不换座位）

下游洗牌，选中一张牌（明牌）

下家

换座位顺序

图 2-4-4　换座位情况示意图

在座位轮换的环节，也会出现不轮换的情况，比如明牌与另一张相同牌被队友抽到，那么将不进行座位轮换。

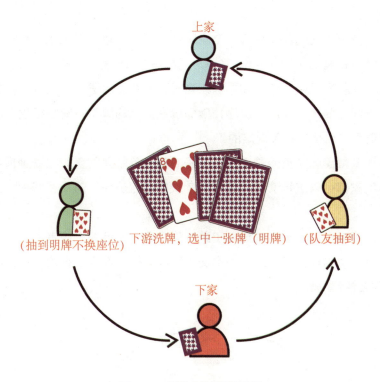

图 2-4-5　不换座位情况示意图

第 2 节　掼蛋洗牌、切牌、抓牌

掼蛋洗牌

掼蛋游戏使用的是两副扑克牌，全副牌共有四种花色，即红桃、黑桃、方块和梅花，每种花色都有从 2 到 A 的 13 张牌，两副牌共 26 张，小王、大王各 2 张，总计 108 张牌。在牌局开始之前，需要玩家先对两副扑克牌进行随机打乱，这也就是掼蛋洗牌。洗牌主要是打乱原有次序，确保玩家抽到的牌都具有随机性。由谁进行洗牌、如何洗牌，也是有相关规定的。

洗牌主要分首盘和次盘两种情况。牌局的第一盘就是首盘，在这种情况下，东家或是任何玩家都可以进行洗牌，进行 5~7 次的彻底洗牌，然后将牌摆放置在牌桌中间。

当首轮游戏结束后，那么就进入了游戏的次盘。次盘的洗牌者应该为首轮首席中上游的上家，从这盘游戏开始，每次洗牌都应进行 2~3 次的彻底洗牌。由上游进行切牌，下游进行首抓。

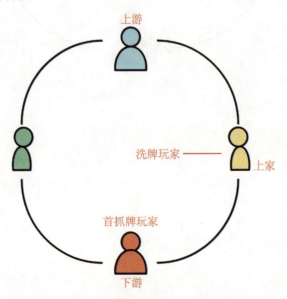

图 2-4-6　次盘洗牌玩家示意图

总的来说，掼蛋的洗牌主要是确保游戏的公平性和随机性，让每位玩家都有机会获取各种牌型。具体的洗牌规则可能会因各地区或是实际情况有所调整，但核心原则都是为了保持游戏的公正性和趣味性。

掼蛋切牌

掼蛋中的切牌是将洗好的牌从中间随意一处分开，分成两摞牌，即下半摞牌和上半摞牌，方便指定玩家从哪开始抓牌。切牌也需要分首盘和次盘两种情况。

在首盘中，洗牌者可以是任意玩家，切牌者可以由非洗牌者的一方玩家中的任意一家切牌，也就是由对手中随意一人即可。但在洗牌之前，要提前抽出大王、小王，然后在剩余的牌中随机抽出一张牌作为明牌，将其正面朝上，或是直接将明牌放在上半摞牌中。

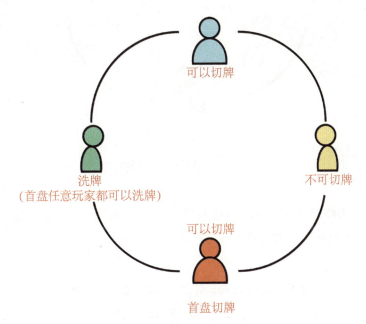

图 2-4-7　首盘切牌玩家示意图

在完成首盘游戏之后，各盘都将由上游切牌，且切牌时不需要翻出明牌。需要注意的是，切牌时将牌分为上半摞、下半摞两摞牌之后，不可以切出上面或者下面五张以内的牌。

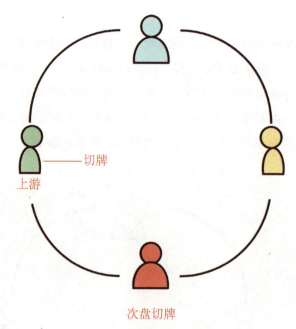

图 2-4-8　次盘切牌玩家示意图

通过合理的切牌策略，玩家可以更好地掌握牌局的走向，从而提高自己的胜率。同时，切牌也是确保游戏公平性的重要手段之一。

抓牌要求

抓牌是四个玩家根据逆时针方向，依次从 108 张牌中抽牌，每人一次只能抽取一张牌。等抓牌结束后，每个玩家手中都持有 27 张牌，称为全手牌。那么由哪位玩家进行首抓，需要根据规定或是实际情况来决定。

一种是当东家或是任意玩家完成洗牌后，由南家切牌并随机抽出一张明牌，但如果抽中的牌是大小王牌或是红桃 2，那么就需要重新切牌翻牌。随后，南家根据明牌的点数逆时针方向开始数牌，从而确定第一个抓牌的玩家。

比如，明牌牌面是 A，那么南家便确定为第一个抓牌玩家；明牌牌面是 2，那么东家便确定为第一个抓牌玩家，以此类推。需要注意的是，抓牌也需要按照逆时针方向，抓到明牌的玩家便是首圈领出牌的玩家。

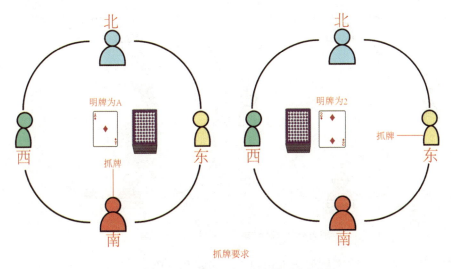

图 2-4-9　明牌牌面为 A 与 2 的抓牌玩家示意图

另一种就是根据首盘和次盘进行抓牌。在游戏的首盘中，从负责切牌的玩家开始，依照逆时针的方向进行数牌，数至与明牌点数相符的玩家即有权进行抓牌。抓牌需要从下半摞牌中进行抓取。

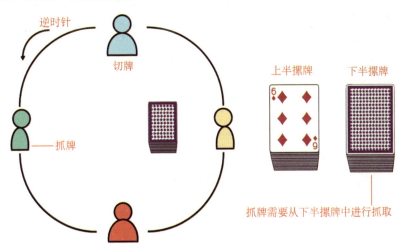

图 2-4-10　首盘抓牌玩家及方向示意图

在次盘中，通常是先由下游进行抓牌，但如果出现双下的情况，那么下副牌就由上游的下家进行首抓。

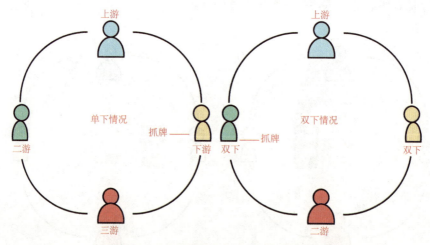

图 2-4-11　次盘单下与双下抓牌玩家示意

在抓牌过程中，玩家需要灵活运用各种策略和技巧，以获取最有利的牌型。通过不断地实践和总结经验，玩家可以逐渐提高自己的抓牌技巧和水平。

第3节　手牌整理与分析

理牌

在掼蛋中，理牌是一个重要的策略环节。理牌，顾名思义就是玩家将所抓到的牌根据扑克牌的花色和点数进行整理，理成竖列。其中涉及对牌型的组合、优化和调整，以便在游戏中取得优势。

理牌主要分为三个阶段，第一个阶段是在抓牌过程中，第二个阶段是在抓牌结束后，第三个阶段是在打牌过程中。在这三个阶段，有不一样的理牌方式。

在抓牌过程中，玩家可以将大王、小王和级牌排成一列放置在边缘部分，然后再根据花色将剩余手牌排成四列，每列从大到小依次排序。

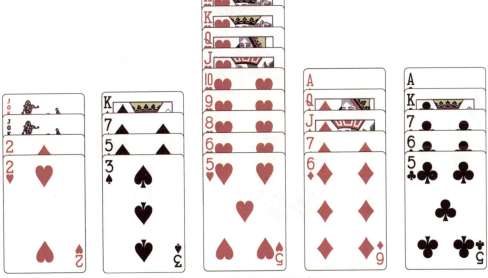

图2-4-12　抓牌过程中理牌示意图

在抓牌结束后，玩家可以根据扑克牌的花色将同花顺整理出来，同花顺的牌型一般是不会出现变动和更改的，可以将其单独排成一列；然后再根据扑克牌的点数将三同张、对子、同牌炸各自排成一列，手中其余的牌放置在一列即可。

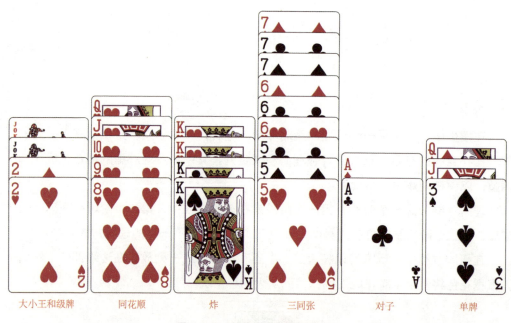

| 大小王和级牌 | 同花顺 | 炸 | 三同张 | 对子 | 单牌 |

图 2-4-13 抓牌结束后理牌示意图

在打牌过程中，玩家需要一边出牌一边理牌，根据手中余牌进行实时整理，但需要注意的是，不要竖插牌，单牌不放置在靠边位置，以免让对手看出余牌牌型。

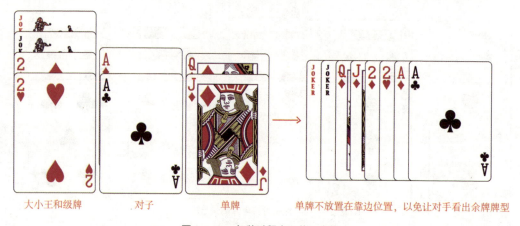

| 大小王和级牌 | 对子 | 单牌 | 单牌不放置在靠边位置，以免让对手看出余牌牌型 |

图 2-4-14 打牌过程中理牌示意图

在游戏过程中，理牌也需要一定的技巧和方法。玩家在理牌过程中，要优先整理手中的高级牌，比如炸弹、同花顺、四王等，这些牌型在游戏中有着较大的攻击力。同时，还需要注意牌型的连贯性，以便在出牌时可以连续打出顺子或同花顺等高价值牌型。

除了整理自己的牌型，在游戏过程中还需要时刻注意对手的出牌情况，根据对手的出牌来调整自己的理牌策略。比如，如果对手连续打出多张单牌，那么就可以保留几张单牌，以便在后续出牌中获取优势。

游戏局面时刻都在变化，玩家要根据不同局面和情况对自己的理牌策略进行调整。比如，当对手牌型较强时，就可以先打出高价值的牌型进行反击；若是自己牌型较弱，那么就可以将一些低价值的牌型作为过渡牌使用。

总的来说，掼蛋的理牌需要玩家具备一定的扑克牌技巧和策略思维，通过不断学习和实践来提高自己的理牌水平。

组牌

在掼蛋游戏中，玩家在出牌前可以根据手中可出牌型进行整理，将牌型的组合优势发挥到最大。组牌的作用是帮助玩家用最少的出牌次数快速出完手中所有的牌。

在组牌时，玩家需要对手牌进行分类和整理，一般可以分为三种牌型。

一是高频牌型，单张是最常见的，其次是对子，然后是三带对，最后是顺子。

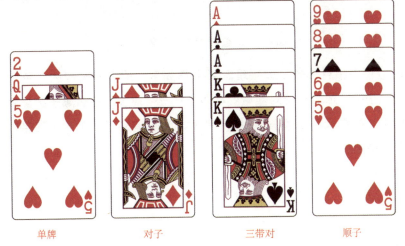

| 单牌 | 对子 | 三带对 | 顺子 |

图 2-4-15　高频牌型组牌示意图

二是低频牌型，三连对、三同连张和三同张并不是常见的牌型。玩家若是能领出这几种不常见的牌型，那么将会在游戏中消耗对手牌力，获得领出权。

　三连对　　　　　　　三同连张　　　　　　三同张

图 2-4-16　低频牌型组牌示意图

三是牌型相生相克属性，如果玩家手中炸弹多，那么相对应的，单张就可能较多。如果顺子多，那么三带对数量就相对少；三带对多，那么顺子数量就会相对少。在出牌中，如果玩家出顺子，那么余牌中可能会有对子；如果出三带对，那么余牌就有可能是单牌。

 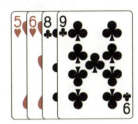

如图所示，7已经组成炸弹情况下，临近牌可能无法组成顺子

 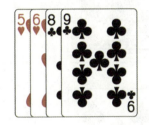

如图所示，三带对多则顺子也容易被拆分，反之顺子多则三带对也会相对较少

手牌　　　　　出牌　　　　　余牌

如图所示，玩家出顺子，余牌就有可能是对子

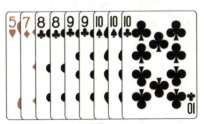 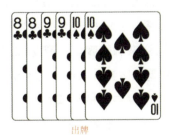 

手牌　　　　　出牌　　　　　余牌

如图所示，玩家出三连对，余牌就有可能是单牌

图 2-4-17　牌型相生相克属性示意图

之外，玩家还需要学会组百搭牌，百搭牌的主要作用是组炸弹或是补缺牌。一般情况下，还是要优先考虑用百搭牌来组炸弹，然后再考虑用百搭牌组顺子和三带对。在利用百搭牌时，主要考虑两个方面：一方面是将不成牌型的牌组成可出牌型，减少手数；另一方面是增加封顶牌，以便在当前局面下可以压制其他玩家出牌、阻止其走牌或者获得出牌权的牌型。

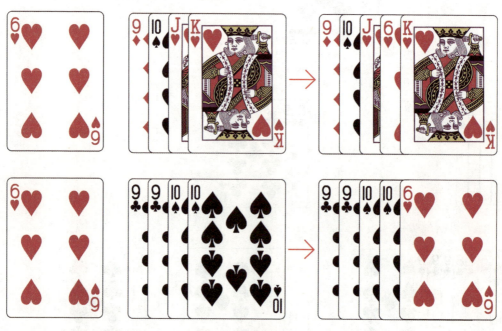

当级牌为6时

图 2-4-18　利用百搭牌组成顺子和三带对示意图

在组牌时，玩家应综合考量自身的出牌策略以及潜在对手的牌型配置。如果自己的牌型很强大，可以考虑出一些较大的牌来压制对手；如果自己的牌型不太好，则可以通过一些小的组合来调整牌型，避免被对手压制。此外，还需要注意记牌，通过记忆已经出现的牌型和数量，来推测对手手中的牌型和可能的出牌计划。

在游戏中，玩家要根据自己的手牌情况和对手的情况，合理搭配牌力，灵活组牌。同时，要观察和分析对手的策略和意图，及时改变自己的组牌方式和出牌顺序，保持清醒的头脑和灵活应变的能力。

第4节　进贡、还贡与抗贡

在掼蛋游戏中，进贡是一个重要环节。进贡是根据上一局游戏输赢来决定的。每局游戏结束分出赢家和输家后，在下一轮游戏出牌之前，输家需要向赢家进贡一张牌。

单贡

如果是非双下，那么只需要下游向上游进贡一张牌即可。确定进贡对象之后，要明确自己需要进贡哪张牌。然后，玩家必须贡出自己手中除红桃级牌外数值最大的那张牌。但需要注意的是，如果输家手中的牌含有大王，那么此轮游戏就无需进贡，赢家先出牌。

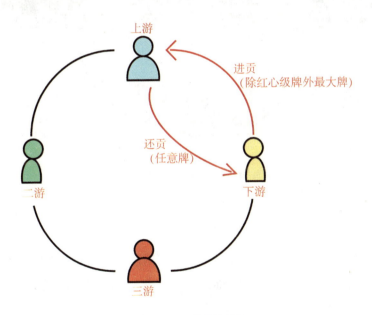

图 2-4-19　单贡示意图

双贡

在进贡中，存在双贡的情况。当上一轮游戏结束后，四名玩家若一方为双下，两人都需要向上游和二游两位赢家进贡一张牌，这就是双贡。

在双贡过程中，两名玩家需各自进贡一张除红桃级牌外的最大牌，上游收进贡牌中的大牌，二游收贡牌中的小牌。双贡还涉及还贡环节，上游还贡给进贡大牌的输家，二游还贡给进贡小牌的输家，也就是赢家收了谁的贡牌，就需要将自己的贡牌还给谁。

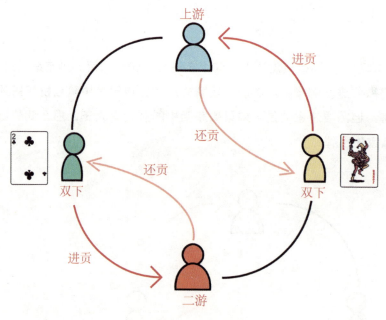

图 2-4-20　双贡示意图

还贡

在掼蛋游戏中，还贡是一个重要的环节，它紧接在进贡之后进行。当赢家收到输家的进贡牌之后，需要将手中的一张牌给进贡者。若是还贡给己方搭档，则还贡牌的牌面数值不得大于 10。

还贡不是简单、随意地还一张牌，还贡者需要根据手中的牌型和对手的出牌情况选择还贡牌。比如，玩家尽量避免还单张牌，尤其是数量较少的单张牌，因为这样的牌会和对手手中的牌组成更有攻击性的牌型。除了牌型，还贡时还需要考虑到牌的花色，防止对手在拿到还贡牌后组成同花顺。

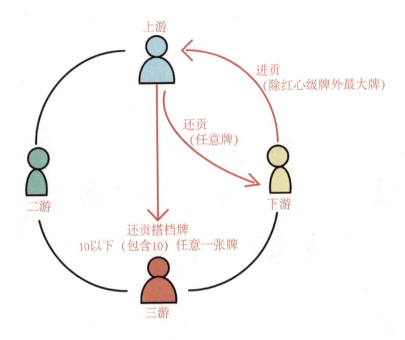

图 2-4-21　还贡示意图

赢家自己不需要的牌可能是对手急需的牌，所以还贡时，玩家必须考虑四个方面。第一，避免进贡者凑成炸弹或同花顺；第二，避免进贡者组成木板、钢板或杂花顺等牌型，降低对手手中的手数和赘牌；第三，避免进贡者形成对子或是三同张的牌型；第四，要灵活思考，尽量给对手无大用处的牌。

总之，还贡是掼蛋游戏中一个重要的策略环节，通过巧妙的还贡，玩家可以影响游戏的走向，甚至改变最终的胜负结果。

抗贡

抗贡就是输家在一些特定情况下可以拒绝向赢家进贡。最为常见的情况是，输家手中有两张大王。这也分为两种情况，一种是单贡时，下游需要抓到两张大王；另一种是双贡时，双下中的一个玩家抓到两张大王，或者两个玩家各自抓到一张大王，也可以抗贡。同样，输家没有进贡，那么赢家也就无需还贡。

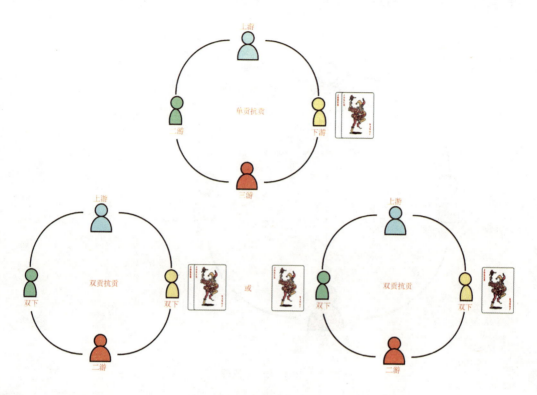

图 2-4-22 抗贡示意图

需要注意的是，输家一旦选择抗贡，本局游戏就不存在进贡环节，优先出牌权归上游所有。这一规定，使得拥有大王牌的玩家在游戏中具备一定优势，可以在关键时刻选择抗贡，灵活调整自己的出牌顺序和策略。但抗贡不能滥用，玩家需要根据手中的牌型和场上的局势来判断是否使用抗贡。如果滥用抗贡，可能会导致自己失去出牌的机会，或者被对手利用规则漏洞进行反击。

第5节 得分和升级规则

上游与下游

在掼蛋游戏中，上游和下游是两个重要的概念，体现了玩家在游戏中的输赢情况和排名。

上游，是指首位在游戏中成功打出手中所有牌的玩家。当玩家有机会争取上游，那么就意味着其在游戏过程中可以抢占牌型优势，并利用手中的牌来压制其他玩家，用最短的时间出完手中的牌。上游玩家需要具备较高的游戏技巧和策略，以及对牌型的精准判断。

下游，是指在游戏中最后出完或没出完牌的玩家。当玩家成为下游，那么意味着其在游戏中处于相对被动的局面，手中的牌型较差，无法反压制其他玩家，因此无法快速出完手中的牌。

在掼蛋游戏中，上游和下游的出牌手数是不同的。上游的出牌手数较少，他们可以对手中的牌进行有效管理，并快速出完手中的牌。下游的出牌手数较多，他们通常需要更多的时间来进行理牌和出牌。

得分规则

掼蛋的得分规则主要基于叫牌、出牌阶段所获得的计分牌以及比赛输赢的判定。在掼蛋中，一般都是通过计分和计盘两种方法来获取得分。

通过计分获取得分的规则是，在出牌过程中，每张大、小王和2点牌都是计有分的牌。另一种得分方法就是通过计盘，每盘都是从2开始打起，直到打过A为止。当完成一盘游戏后，可以根据级差来计算成绩。如果一方过A，一方打K，那么两者的级差为2级；若是一方过王，一方为2，那么两者之间的级差为14级。

表 2-4-1 级差分数表

级差	胜方	负方
0	14	14
1	15	13

续表

2	16	12
3	17	11
4	18	10
5	19	9
6	20	8
7	21	7
8	22	6
9	23	5
10	24	4
11	25	3
12	26	2
13	27	1
14	28	0

玩家出完所有牌后，根据每位玩家所获得的记分牌来进行计分。正分是指主叫的记分牌，而负分则是指副叫的记分牌。当游戏结束之后，将各位玩家的计分结果统计在一起，得出游戏的总分数。哪位玩家先达到设定分数限制，即为获胜方。

除了游戏结束的得分之外，还有其他计分规则。第一，在出牌期间，玩家退出扣4分；第二，在牌局期间中途退出扣2分；第三，打到K以上，中途退出扣10分；第四，打到A，胜方加10分，输方不扣分；第五，为避免炒分，连续7次下游，那么将不再进行扣分和反扣分。

另外，掼蛋游戏根据累计积分共分为9个级别。积分≤0分为笨蛋级别，获得积分在10以内是坏蛋级别，积分在100以内是鸡蛋级别，积分在200以内是活珠级别，积分在500以内是毛蛋级别，积分在1000以内是铁蛋级别，积分在2000以内是银蛋级别，积分在5000以内是金蛋级别，积分大于5000就是超级掼蛋。

升级规则

具体的升级数量要根据对方阵营的出牌情况来决定。如果对手两人都是双下，那么赢家可升 3 级；如果对手一人下游，一人二游，那么赢家则可以升 2 级；如果赢家的搭档是下游，那么赢家就只升 1 级。

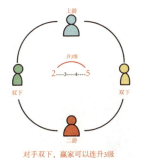
对手双下，赢家可以连升3级

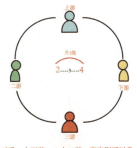
对手一人下游，一人二游，赢家则可以升2级

若赢家搭档是下游，那么赢家只能升1级

图 2-4-23　赢家升级示例图

举例来讲，参加游戏的两方为甲、甲，乙、乙，两两一对。如果是甲方先出完手中的牌，那么在这局游戏中，升级队伍就是甲方；而甲方可以升几级，就取决于另一方玩家什么时候出完手中的牌。

第一种情况是升 1 级。玩家出完牌的顺序是甲、乙、乙、甲。当一名甲方出完所有牌后，乙方两名玩家紧随其后出完手中所有的牌，如果游戏在此时结束，那么甲方就升 1 级。这把打 2 的话，那么升 1 级，下把就是打 3。

第二种情况是升 2 级。玩家出完牌的顺序是甲、乙、甲、乙。当甲方出完手中的牌，接着是一位乙方玩家出完手中的牌，第三名出完手中牌的玩家是第二名甲方玩家，如果这时候游戏结束，那么甲方就可以升 2 级。这把打 2 的话，那么升 2 级，下把就是打 4。

　　第三种情况是升 3 级。玩家出完牌的顺序是甲、甲、乙、乙。当同一个队伍的两位玩家先后出完手中的牌，如果这时游戏结束，那么另一队伍直接宣告失败。这样甲方直接升 3 级，这是一副牌升级的最高等级。这把打 2 的话，那么升 3 级，下把就是打 5。

第5章

牌桌风云动

掌握出牌规则，事半功倍

第1节 出牌规则

掼蛋是一种广受欢迎的扑克牌游戏，其规则简单易懂，但又富有策略性和竞争性。在游戏过程中，领出牌、行牌和借风是三个重要环节，它们决定了游戏的进行和最终的胜负结果。

领出牌

在掼蛋游戏中，领出牌是一轮游戏开始时由首位玩家首先出的牌。这个环节承载着游戏的起始动作和决策，对后续的游戏发展有着重要的影响。

在掼蛋游戏中，首盘和次盘的领出牌规则有所不同。

1. 首盘领出牌规则

在首盘的第一轮中，领出牌由抓到明牌的玩家领出，这意味着，第一轮的领出牌可以是任意牌型，这给了抓到明牌的玩家一定的优势和自由度。

举个例子，小明抓到了明牌，他是本局的领出牌者。他可以根据自己的手牌情况和策略，选择任意一张牌作为领出牌，既可以选择出一张大牌压制其他玩家，也可以选择出一张小牌留有余地。

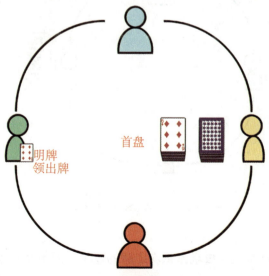

图 2-5-1 首盘领出牌玩家示意图

2. 次盘领出牌规则

在次盘的第一轮中，领出牌的规则稍有不同。次盘的领出牌由向上游进贡的玩家领出牌，如果某位玩家抗贡，则由上游领出牌。这样的设定增加了游戏的策略性，因为进贡的玩家需要考虑如何选择最优的牌型来领出，而其他玩家则可以根据进贡的情况做出相应的应对策略。

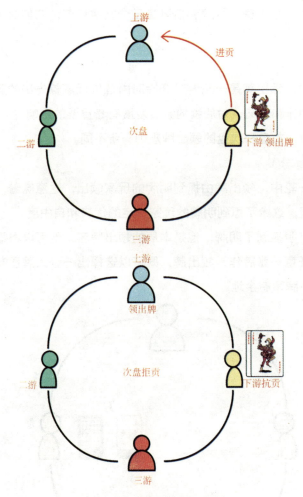

图 2-5-2　次盘领出牌玩家示意图

行牌

在掼蛋游戏中，行牌是各位玩家依次出牌的过程，而出牌的顺序则是按照逆时针方向进行的。行牌阶段是整个游戏中最为紧张和激动的部分，因为玩家需要不断思考如何出牌以获得最大的收益。

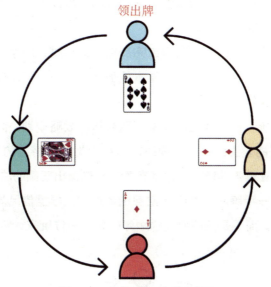

图 2-5-3　级牌为 2 时行牌示意图

行牌的顺序是从领出牌的玩家开始，在行牌过程中，玩家有两种选择：要牌或者过牌。

1. 要牌

要牌意味着玩家选择出牌，并且出的牌必须符合一定条件：要么与领出牌相同牌型，要么出炸弹压牌，并且玩家出的牌必须比上一位玩家出的牌大。这样的规则增加了游戏的挑战性和趣味性，因为玩家需要不断思考如何选择最优的出牌策略。

2. 过牌

当玩家手牌中没有比上一位玩家大的牌时，玩家只能选择放弃出牌的机会，这就是过牌。当一位玩家出牌后，其余三位玩家都选择过牌时，由最后出牌的玩家获得领出牌权，开始下一轮行牌。这样的设计使得游戏的节奏更加流畅，同时也增加了玩家之间的互动和竞争。

比如，轮到小红出牌了，她手中有一对 6。由于上家出的是一对 5，她可以选择出一对 6 压牌，也可以选择过牌。如果她选择出牌，下一位玩家必须出比她大的牌或者炸弹，否则就得过牌。

借风

在掼蛋游戏中，借风是一种特殊情况下的规则，可以为处于劣势的玩家提供转机，也为游戏增添一些变数和悬念。

当上游或与上游不为同一方的玩家出完牌后，如果剩余玩家都选择过牌，那么轮到该玩家的搭档出牌。这种情况下，原本处于被动的一方可以通过借风来改变局势，从而有机会逆转败局。

借风的出现使得玩家们需要更加注重团队合作和战略规划，因为他们需要时刻注意场上的局势和可能发生的变化。同时，借风也增加了游戏的趣味性和挑战性，因为玩家们需要灵活应对各种情况，并且在关键时刻做出正确的决策。

当上游出完最后一手牌后，剩余玩家都选择过牌。根据借风规则，此时由上游的搭档取得领出牌权，而不是按照原先的顺序轮到下一位玩家。

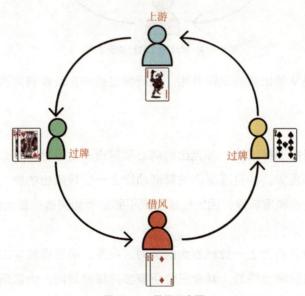

图 2-5-4　借风示意图

通过以上对领出牌、行牌和借风的深入分析，相信大家对掼蛋游戏的规则和玩法有了更清晰的理解。在实际游戏中，只有不断练习和磨炼，才能成为一名真正的掼蛋高手！

第 2 节　出牌注意事项

在进行掼蛋游戏时，玩家必须严格遵循出牌的基本注意事项以保证游戏的公正和顺畅。

手牌限制和一次性出牌

在游戏规则中，除了炸弹之外，每手牌的数量不得超过 6 张。这一限制旨在确保游戏的公平性和平衡性，防止某个玩家一次性出太多牌而使游戏失去悬念。

另外，规则还规定每手牌必须一次性出完，不允许分次出牌。这样的设定有助于加快游戏节奏，让玩家们在短时间内轮流出牌，增加游戏的紧张感和趣味性。同时，这也使得玩家们需要更深入地思考和策略性地规划每手出牌的组合，以求在游戏中取得胜利。

游戏中的表态与出牌

在掼蛋游戏中，轮到玩家出牌时，每一位玩家都需要做出表态。这就像是在一场有序的辩论中，每个人都要在自己的机会到来时发表自己的观点。

当玩家决定要出牌时，可以直接唱牌并出牌，这就像是在音乐会上为自己的歌声伴奏。这种直接唱牌再出牌的方式节省了时间，也让游戏更加流畅。

不过，如果玩家觉得当前的牌不够好或者没有合适的牌可以出，就可以选择过牌。在这种情况下，玩家需要清晰地表明自己的决定，简单地说出"过"这个字。这就像是在一场棋局中放弃一步，选择等待下一个更好的机会。这种表态方式让其他玩家清楚地知道当前玩家的决定，并且保持了游戏的秩序和规范。

通过清晰地表态，玩家们能够更好地理解游戏进程，更有效地制定自己的策略。因此，表态的规则是掼蛋游戏中不可或缺的一部分，为游戏增添了更多乐趣和挑战。

完整有序出牌

在掼蛋游戏中，牌型的出牌顺序和规则至关重要，它们不仅体现了游戏的策略性，还增加了游戏的乐趣和挑战。当玩家手中拥有对子、顺子、三连对、三张、三带对等特定牌型时，需要遵循一定的规则进行出牌。

出连对时玩家必须一次性出完所有的对子。这意味着如果手中有多对对子，需要将它们一起出完，而且对子必须按照牌的点数从小到大、从左到右的顺序进行。

同样，出顺子、三连对、三张、三带对等牌型时也需要一次性出完，并且也必须按照牌的点数从小到大、从左到右进行出牌。这样的规则让玩家在出牌时需要仔细考虑如何最优化地利用手中的牌型，增加游戏的策略性。

正确使用红桃级牌

在掼蛋游戏中，红桃级牌被赋予特殊的能力，可以替代其他任何牌点以帮助形成或完善某个牌型。在游戏中正确使用和摆放红桃级牌是取胜的关键。

根据游戏规则，当红桃级牌用于搭配并完成某个特定的牌型时，这张红桃级牌应该被摆放在它所替代的具体牌点的位置。在使用红桃级牌时，玩家应当清楚地说明红桃级牌的替代对象及所构成的牌型。这样做有助于其他玩家理解游戏局面，并确保牌局的公平性和透明度。

当红桃级牌用于形成特定的牌型时，比如顺子，玩家应当明确指出红桃级牌替代了哪个牌点，以及整个牌型的组成方式。这样的说明可以避免因为牌型不清晰而引起的误解或争议，确保游戏的顺利进行。

报牌和问牌

报牌和问牌是掼蛋游戏规则中常见的交流方式，对维护游戏的公平性和流畅性至关重要。

报牌是玩家手中的余牌数量低于或等于 10 张时，必须主动报出手中的余牌数量。这个规则有助于其他玩家了解当前局势，防止信息不对称。如果一名玩家没有主动报牌，其他玩家有权要求其回收已出的牌，直至该玩家报出余牌数量为止。如果同一玩家再次违规不报牌，将被停止一圈的出牌权，以维护游戏的秩序和公平性。

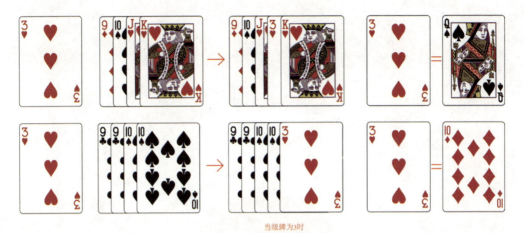

当级牌为3时

图 2-5-5　红桃级牌代替缺牌组牌示意图

　　问牌则是其他玩家在某位玩家报牌后，不得询问该玩家手中的余牌数量，该玩家也不能主动回答。这个规则旨在避免其他玩家利用此信息来调整策略或干扰游戏进程。掼蛋游戏对违规问牌或回答的处理也相对严格，第一次给予警告，若再次违反规则将停止该玩家一圈的出牌权。

图 2-5-6　手牌小于等于 10 张时报牌示意图

第三篇

深入挖掘，打造无敌牌组

牌组技巧提升篇

第三篇

牌组技巧提升篇

深入挖掘，打造无敌牌组

第6章

掼蛋技巧集

好的技巧，让你赢在起跑线

第 1 节　记牌的技巧

　　记牌是掼蛋牌局中的一项关键技能，尤其在不允许询问其他玩家已出牌情况或回顾已出牌的情况下。玩家通过记牌，可以追踪游戏中已经出现过的牌面，从而更好地推断出对手手中可能持有的牌，这对制定出牌策略至关重要。

　　记牌的基础是跟踪各种大牌和关键牌等重要牌，如游戏中的王牌、A 或其他特定情景下的关键牌。这些牌往往能直接影响游戏的走向和结果。随着记牌能力的提升，玩家可以进一步关注到更细节的部分，例如，记住某些玩家可能缺少的单张牌，这有助于判断对方的弱点和牌型结构。

　　更高级的记牌技巧涉及对游戏中出现的所有明牌、牌路以及炸弹的跟踪。通过这些技巧，玩家不仅能做出更精确的判断，还能更好地掌握和预测牌局的发展。

关注重要牌：记牌技巧的核心

　　在掼蛋牌局中，掌握各种大牌和关键牌是取胜的关键，因为它们直接影响着玩家的出牌策略和对手的反应。

　　记大牌是指记 K 以上的牌。在不同阶段，记大牌的重点和方法也会有所不同。

　　在初级阶段，主要记住 4 张王牌和 6 张级牌。先要记住王牌，王牌是单牌和对子的封顶牌，大王优先于小王；还要记住方块、黑桃、梅花三种花色的级牌，红桃级牌需单独考虑。这些牌是关键，因为它们能左右整个局面。

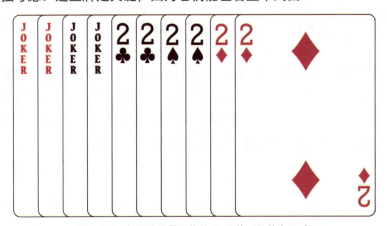

图 3-6-1　初级阶段需记住的 10 张牌（级牌为 2 时）

在中级阶段，除了要记住 4 张王牌和 6 张级牌外，还需记住 2 张红桃级牌。红桃级牌可代替缺牌组牌，需要将这种情况计算在内，用排除法估算对方牌型。

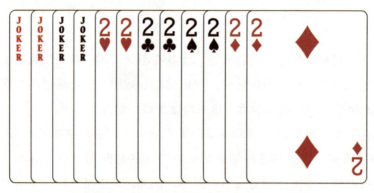

图 3-6-2　中级阶段需记住的 12 张牌（级牌为 2 时）

在高级阶段，除了要记住 4 张王牌和 8 张级牌外，还需要记住 8 张 A。A 的牌力在单牌中仅次于级牌，在特定牌型如顺子、三连对和三顺中也起着关键作用。

图 3-6-3　高级阶段需记住的 20 张牌（级牌为 2 时）

在掼蛋牌局中，记关键牌是指记 5 和 10 牌。因为一旦牌点为 5 的牌全部打出，就无法再形成 5 至 9 的顺子了。同样地，当牌点为 10 的牌都已经出完，就不可能再组成 10 至 A 的顺子，除非玩家能够用红桃级牌来填补缺口。因此，只需记住关键的 5 和 10 牌，就能够推测出其他玩家手中的顺子和同花顺情况。

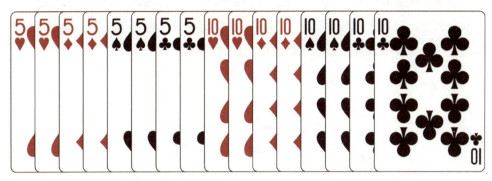

图 3-6-4　玩家需记住的关键牌 5 和 10

关注细节牌：记牌技巧的精髓

在掼蛋游戏中，每种牌点通常都有 8 张牌，除了大小王。然而，如果玩家发现自己手中只有单张牌或者缺少某些特定的牌点，那么其他玩家很可能持有同样的牌点。这种情况下，其他玩家更有可能组成同牌炸，这可能会对游戏结果产生重大影响。因此，了解其他玩家手中的牌组合是至关重要的，这样就能够更准确地评估局势并做出合适的决策。

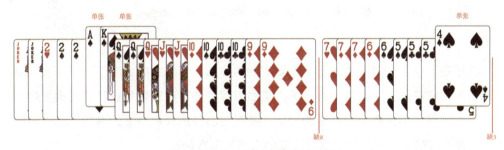

图 3-6-5　全手牌中单牌和缺牌示意图

关注信息牌：记牌技巧的进阶

在掼蛋游戏中，记住进贡、抗贡和还贡的牌是至关重要的，因为这些牌的出现可以提供有价值的信息，帮助玩家做出最佳的牌局决策。在进贡和抗贡中，观察并记住对手展示的牌可以帮助玩家推测王牌的分布情况。

例如，如果玩家的下家是上一盘的下游，他抗贡了，那意味着他很可能有两张大王。当牌局进展到一定阶段时，根据王牌的分布情况，玩家可以选择出级牌，诱使下家出大王。在还贡过程中，观察下游是否打出还贡的牌也是关键。如果还贡的牌未在后续的单牌中出现，说明下游可能已经成功补缺。

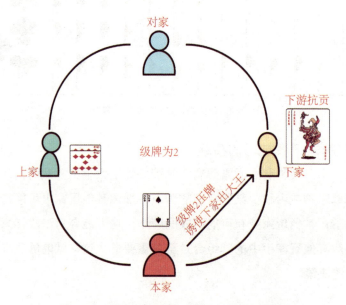

图 3-6-6　推测下家手中有王牌时本家出牌示意图

在掼蛋游戏中，记牌路是至关重要的战略技巧。要牌意味着了解对手不要的牌型和过牌的牌点，以推测其手牌情况，增加出牌信心。过牌则是记住己方需要的牌型和牌点，根据手牌情况决定是否过牌，并在领出时选择最合适的牌型。通过记牌路，玩家可以精准分析牌局，提升决策的灵活性和准确性。

炸弹在掼蛋游戏中起着至关重要的作用，因为它们能有效制衡对手的出牌，这对决定整盘游戏的胜负至关重要。因此，玩家需要密切关注已经出现的炸弹，并在决策出牌时加以考虑。

一方面，玩家需要留意炸弹的数量。考虑到每位玩家的全手牌为 27 张，平均而言，每位玩家手中可能有 3 手炸弹，这意味着炸弹的数量占据了全手牌的相当大比例。因此，一旦某位玩家已经出了 3 手炸弹，他手中持有炸弹的概率会相对较低，这一点对于玩家是否选择出炸弹进行阻击是一个重要的参考依据。

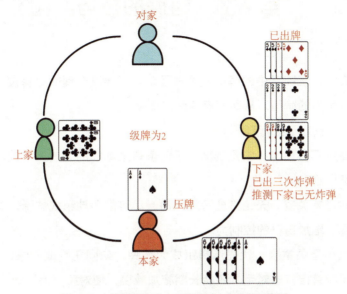

图 3-6-7 推测下家手中无炸弹时本家出牌示意图

另一方面，玩家需要留意炸弹的大小顺序。一般情况下，玩家会依次出四头炸、五头炸和六头炸，因此当某位玩家出了六头炸时，可以初步推断他手中已经没有更大的炸弹了。

第 2 节　组牌的技巧

在掼蛋游戏中，玩家手中的牌虽然数量固定，但通过合理的组牌技巧，可以将这些牌组合成更具牌力的牌型，从而提高获胜的概率。

优先考虑组成炸弹的可能性

炸弹的重要性不言而喻，它是制衡对手、争夺主动权的利器。有效地组合炸弹需要遵循两个关键原则。

原则一，数量是关键。无论其他牌型如何，尽可能多地组成炸弹，这有助于限制对手的出牌选择，增加自己的控制力。

原则二，大小至关重要。优先选择组成大炸弹，如同花顺或四张以上的同牌炸。这些大炸弹不仅能直接打击对手，还能长期施加威慑，使对手更为谨慎。

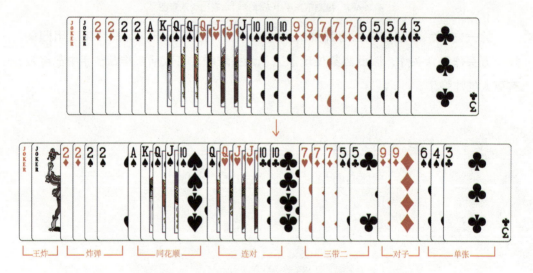

图 3-6-8　手牌中三个炸弹的组牌示意图

综合而言，灵活运用这两个原则，将有助于玩家在掼蛋游戏中取得更多优势。

合理利用单张和对子

1. 单张

在掼蛋游戏中，单牌的组合对于游戏进程至关重要，而组合单牌时有两个核心考量：数量和大小。

减少单牌数量是关键之一。较少的单牌意味着手中的牌型相对完整，可以更快地出完手牌，给对手制造更大的压力。

另外，单牌的大小也是决定因素之一。选择牌点较大的单牌有助于在出牌时顺牌，减少需要自己发牌的次数，从而加强对游戏的掌控。

2. 对子

通常情况下，牌点越大的对子，越容易顺牌。因此，在组牌时，玩家应该尽量保留手中的大对子，从而在后续的出牌过程中更容易顺牌。例如，手牌有 5678 各两张，建议组成三连对 567 和对 8，因为对 5 牌型较小不容易顺牌。

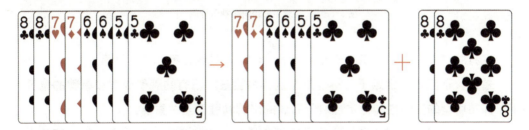

图 3-6-9　手牌中对子组牌示意图

相比之下，留下小对子的好处在于，它们可以用于更灵活地顺牌。小对子不仅可以与其他牌组成较小的顺子，在需要时也可以与其他牌型进行组合，增强整体的出牌能力。此外，留下小对子还可以提供更多的变化空间，在牌局中更灵活地应对不同的情况。

然而，需要注意的是，过于追求留下小对子也可能带来风险。如果留下过多的小对子，可能会导致手中缺乏大对子的情况，从而在后续的顺牌过程中受到限制。

因此，在组牌时，玩家需要权衡考虑，尽量保留一定数量的大对子，以确保在形成较大的顺子时有足够的牌力。

灵活运用三带对和顺子

1. 三带对

在掼蛋游戏中，当面对选择组成三同张或三带对两种牌型时，更倾向于优先组成三带对。这是因为三带对可以顺走一手小对子，从而增加牌力和出牌的灵活性。因此，在选择三带对时，可以选择较小的对子与三同张牌组合。例如，当手牌有999，对5和对7时，可以组成99955和对7。

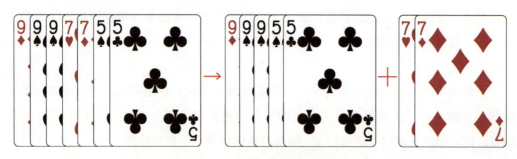

图 3-6-10　手牌中三带对组牌示意图

2. 顺子

在打牌过程中，对于组成三顺和顺子，玩家需要综合考虑多个因素。

首先，不应轻易组顺子，特别是在这样做会破坏已有的牌型或增加单牌的情况下。保持牌型的完整性和稳定性对于后续的出牌和胜率至关重要。

其次，在组顺子时，通常需要进行拆牌操作，因此应当尽量保留大牌，而将小牌用于顺子的组合。这样可以保持手中的强牌，增加胜利的概率。

最后，如果手中有封顶牌，组顺子时应优先考虑将其作为顺子的一部分，并留下小牌。这样可以提高顺子的牌值，增加制胜的机会。

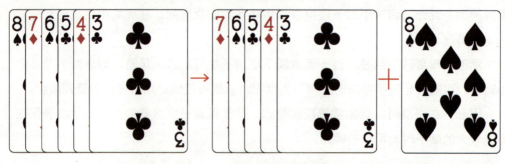

图 3-6-11　手牌中顺子组牌示意图

利用特殊牌的妙招

特殊牌在牌局中扮演着重要的角色，包括级牌、红桃级牌和下放牌。

除了王牌以外，级牌是最高牌，因此级牌通常用于引出对手的王牌或炸弹，同时在组牌时可根据级牌原始牌点组成顺子，以完善牌型。

红桃级牌是百搭牌，可以替代除了大王和小王以外的任意牌，常用于组成炸弹或填补牌型中的缺口。

下放牌指的是 A，其在游戏中具有特殊的地位，可与 K 连成最大的顺子，也可与 2 连成最小的顺子。

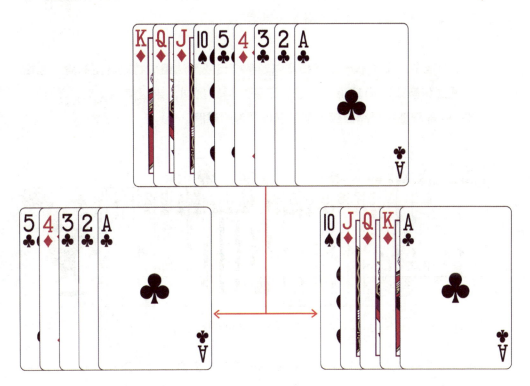

图 3-6-12　下放牌 A 的组牌示意图

第3节　出牌的技巧

在掼蛋游戏中，熟练掌握出牌技巧是获得上游的关键。玩家需要掌握领出牌、炸弹、跟牌及顶牌等出牌技巧，合理运用出牌策略，以提高获胜的概率。

领出牌技巧

玩家领出牌时，需掌握一定的策略，比如怎样处理困难牌、如何领出优势牌型、避免出哪些牌型等，以便更有效地压制对手。

1. 对困难牌的处理

在掼蛋游戏中，困难牌一般是指难以顺牌打出或无法组成特定牌型的牌，包括小单张、孤立牌型或牌面较小的对子、三带二等。例如，当级牌为2时，单张3、对3和33344等牌型由于牌面较小都可以被视为困难牌。

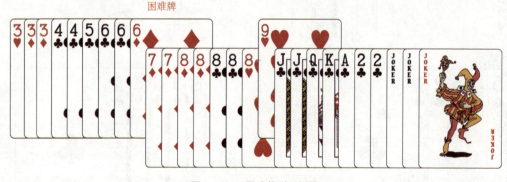

图 3-6-13　困难牌型示例图

当玩家手中持有这些困难牌时，需掌握一些应对困难牌的方法和策略，以避免这些困难牌阻碍自己后续出牌。玩家可以用以下办法来处理这些困难牌：

一是选择合适时机。当玩家手中持有小单张、孤立牌型等困难牌时，应在合适的时机优先处理，比如可以在牌局刚开始时就及时出掉，以保证自己后续能够顺利出牌，避免被对手牵制。

二是合理利用牌型。掼蛋游戏中有炸弹、三连对、三带二等特定牌型，玩家可以根据出牌情况灵活调整自己的牌型和出牌顺序，比如可以将困难牌与其他牌组成某种特定牌型，从而一次性出掉多张困难牌，以减轻后续出牌的压力。

2. 领出优势牌型

优势牌型是指玩家手中有能够封顶回手的牌型。例如，单牌的封顶牌是一张大王，对子的封顶牌是一对大王。玩家出能够回手的优势牌型，能够再次获得出牌机会，从而快速打完手牌。同时，通过这样出牌，也能够向对家传递有效信息，让对家了解自己手中的牌型分布情况。

领出单张：当级牌为 2 时，本家手中若有单张 3、对 10，还有单张封顶牌大王，那么便可以领出单张 3，再出大王回手，此时对方无法压制，你就可以继续出对 10。

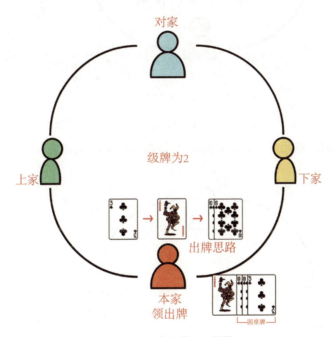

图 3-6-14 领出单张示例图

领出对子：当级牌为 2 时，本家手中若有对 2，同时还有较多单张和对子，此时可领出对子，然后用对 2 回手，再领出对子或单张。若对王不在自己手中，也可优先出对子，这是一种相对安全的试探性出牌方式，不仅可以有效掌握对手的牌型，还可以消耗对手的牌力。

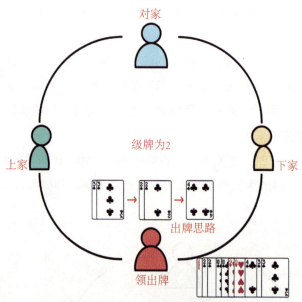

图 3-6-15　领出对子示例图

领出三带对：当级牌为 2 时，本家手中若有三带对 88833，还有封顶牌 AAA55，便可以领出 88833，然后用 AAA55 回手，从而再次获得领出机会。

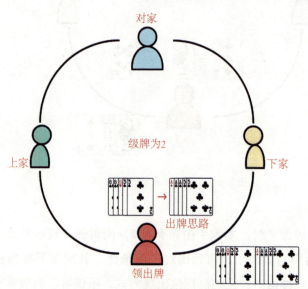

图 3-6-16　领出三带对示例图

3. 领出牌避免出的牌型

在掼蛋游戏刚开局时，玩家应避免领出三连对（如556677）和三同连张（如555666）。

因为刚开局时，对手手牌数量较多，可能会灵活调整牌型，通过组牌来进行压制，对手就有可能顺走六张牌。

若对手没有这些牌型，一般也不会在首圈就轻易出炸，因此出这两种牌型不仅无法有效消耗对手的牌力，反而可能让自己受到对手的牵制。

例如，当级牌为2时，本家若领出三连对556677，手中又没有封顶牌QQKKAA回手，对手可能就会通过组牌出更大的三连对来压制自己。这样不仅可能会被对手顺牌，还会让自己失去领出权。因此，更好的出牌方式是出对子，让对手出级牌或出炸，消耗对手的牌力。

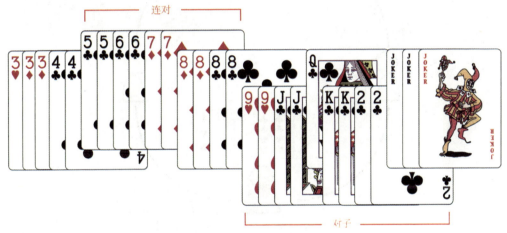

图 3-6-17　级牌为 2 时本家全手牌示意图

出炸技巧

炸弹牌型可以压制所有普通牌型，是帮助玩家获得上游的超强牌型。玩家出炸弹的主要目的是夺回领出权，以掌控牌局。因此，在对手连续出牌或牌型较大无法压制时，可以考虑出炸来阻断其出牌。但是，炸弹出现的概率相对较低，玩家在出炸之前必须权衡利弊，确保出炸能够带来最大的收益。

1. 出炸弹的时机

时机 1：己方牌型较强时。

当己方某一牌型较强时，可及时出炸争夺领出权，主攻这一牌型。例如，当级牌为 4 时，若一张级牌 4 和四个王已出，你手中有三张级牌 4，上家若出 44，你可以出四头炸 9999，因为自己手中有三张级牌 4，己方主攻三同张或三带对等牌型都可回手。

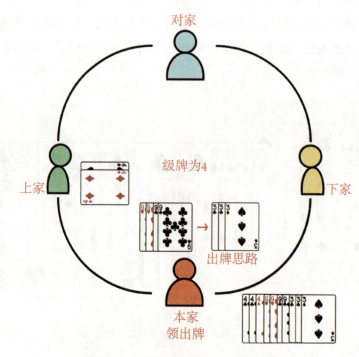

图 3-6-18　级牌为 4 时本家出炸主攻示意图

时机 2：对手牌面优势较大时。

当己方牌面不佳而对方的牌面优势较大时，对方连续出牌让己方无法反击，那么此时出炸可以打断其出牌，为自己和队友创造更加有利的出牌条件，以获取反击的机会。例如，对手不断领出对子，若你手中无对子牌型进行压制，对手就会迅速减少手牌，此时你应出炸阻击，扭转牌路。

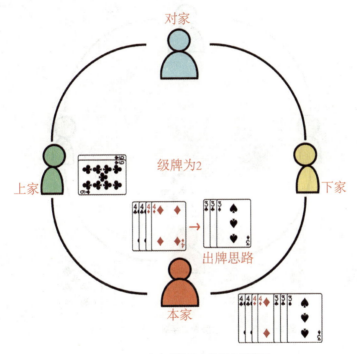

图 3-6-19　本家手牌及出炸阻击示意图

时机 3：最后闯关冲刺时。

当对手剩余牌数较少时，己方可以出炸弹阻断其出牌机会。例如，当本家剩余二手牌时，其中一手牌为炸弹，上家出牌后，本家应立即出炸进行压制，防止对手打出最后一手牌，提高自己闯关成功的概率。

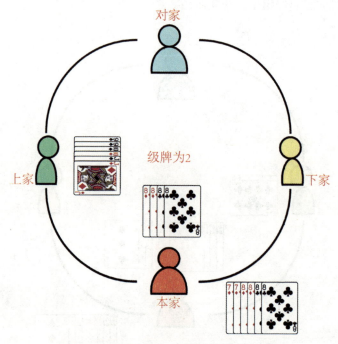

图 3-6-20　本家余牌为二手牌时出炸闯关示意图

2. 出炸弹的策略

策略一：不要过早出炸。

在牌局早期，本家无法摸清对家及对手的手牌情况，当无法压制上家出牌时，可以先不出炸。例如，当级牌为 2 时，上家若领出三带对 77755，本家手中若只有最小的三带对 33344，此时可以不出炸进行压制，而是选择过牌，把跟牌或出炸的决定权交给对家。

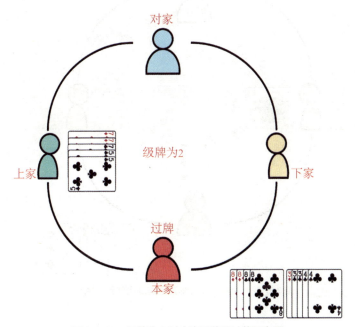

图 3-6-21　级牌为 2 时本家手牌及过牌示意图

策略二：前期先出小炸。

牌局前期，当本家手中既有大炸也有牌点较小的四头炸时，若对方主攻对子而自己无法进行压制，此时可抢先出小炸。例如，当级牌为 2 时，上家领出对 Q，本家手中若无对子，便可以先出四头炸 3333 来压制。

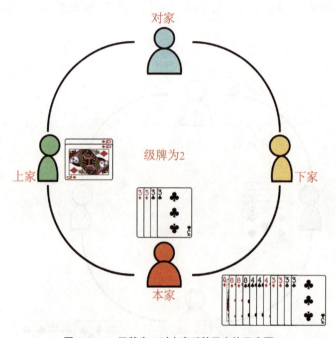

图 3-6-22　级牌为 2 时本家手牌及出炸示意图

策略三：先用同牌炸。

在出炸时应先出同牌炸，这样的牌型相对固定；后出用红桃级牌搭配的炸，因为这种炸弹比较灵活，有利于玩家后续根据需要拆开组成其他牌型。例如，当级牌为2时，本家手中有四头炸5555和红桃级牌配成的炸"红桃2和三张K"时，应先出四头炸5555。

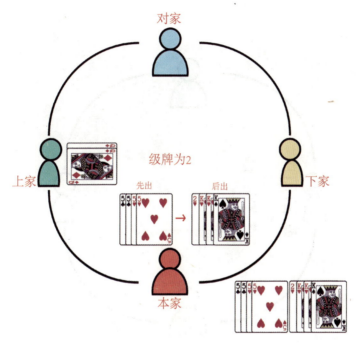

图 3-6-23　级牌为 2 时本家手牌及出炸示意图

策略四：扭转牌局用大炸。

若对方一直领出，己方无法出牌，此时就需要出大炸扭转己方牌局，进而获得领出权。例如，当级牌为2，本家手中有四头炸5555 和 AAAA 时，上家出较大的三连对导致己方无法出牌，此时就需要出四头炸 AAAA 来压制。如果用牌力较小的四头炸5555 来阻击对手，对手则可能出更大的炸来压制，这样己方前面出的炸也就白白浪费了。

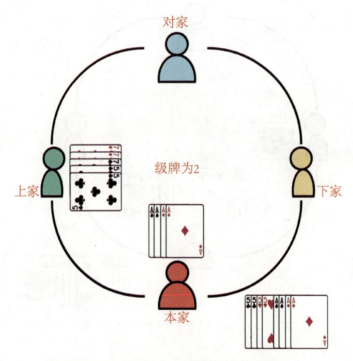

图 3-6-24　级牌为 2 时本家手牌及出炸示意图

策略五：不要最后出炸。

当牌局进行到最后时，不要把炸弹留到最后一手再出。手中剩余的两手牌只需保留一炸即可。例如，当本家手中剩余四头炸 8888 和杂花顺 910JQK 时，可先出四头炸阻断下家出牌，获得领出权后再出顺子。

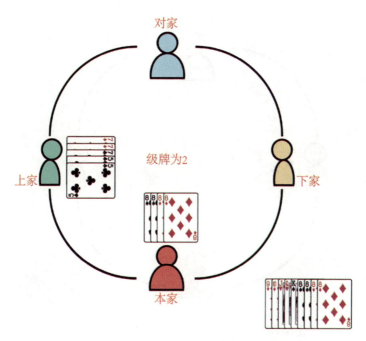

图 3-6-25　本家余牌为二手牌时出炸示意图

跟牌技巧

跟牌是指对手或者对家领出，自己跟着出牌。当对手领出或对家领出时，玩家需采用不同的跟牌技巧和策略。

1. 对手领出牌时

当对手领出牌时，己方的跟牌原则是压制上家、阻断下家。玩家可以先观察对手领出的牌型及牌面大小，如果自己的手牌有足够的优势去压制对手，那么可以选择跟牌并争取领出权。如果牌面较小，也可以选择过牌来保留实力，等合适的时机再出牌。

　　当上家领出小单张时，若自己的牌力较强，有困难牌需处理，则可以选择跟小单张，顺走困难牌。若牌力较弱，则需要跟大单张，引诱下家出级牌或王牌。若自己手中的小单张可以灵活组成其他牌型，也可以选择过牌不出。例如，当级牌为2时，上家出单张5，本家手中有单张7可以组成"顺子78910J"，那么可以过牌。

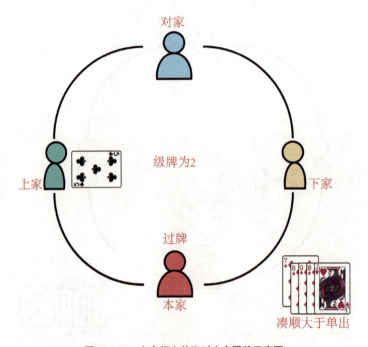

图 3-6-26　上家领出单张时本家跟牌示意图

当上家领出对子时，本家可以出较大对子压制。例如，当级牌为 2 时，上家领出对 8，本家可以出对 A 进行压制，一方面可以争取领出权，另一方面也可以引诱下家出级牌或炸弹，削弱对手的牌力。

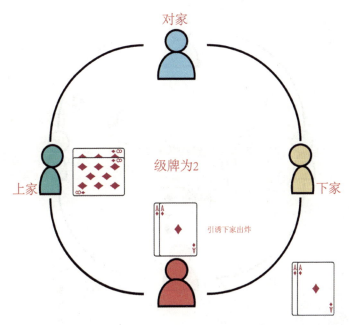

图 3-6-27　上家领出对子时本家跟牌示意图

当上家领出三带对或顺子等牌型时，说明这是对手的优势牌型，本家应出大牌进行压制，以争取领出权，并改出其他牌型。例如，当级牌为 2 时，若上家出三带对 66655，你可以出 22233 进行压制，获得领出权后改出自己的优势牌型。

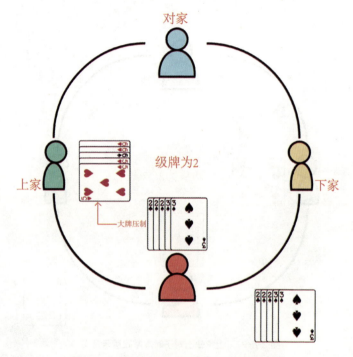

图 3-6-28　上家领出三带对时本家跟牌示意图

2. 对家领出牌时

对家是自己的搭档，当对家领出牌时，一般不宜出大牌接牌，以免打乱对家的出牌节奏，因为对家领出牌牌型一般是其优势牌型。

对家领出牌后，若上家没有出大牌压制，本家也可以跟牌。例如，当级牌为2时，若对家领出对6，上家跟牌出对9，本家也可以跟牌出对10。

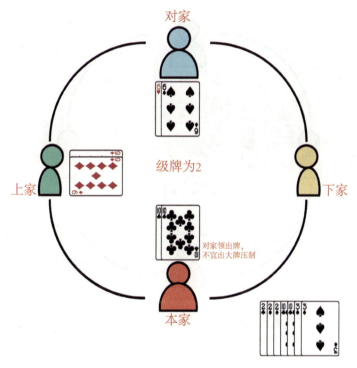

图 3-6-29 对家领出牌时本家跟牌示意图

对家领出牌后，若上家出大牌压制，本家也可以跟着出更大牌压制，获得领出权后再领出自己的优势牌型，或者领出对家优势牌型，为对家送牌。例如，当级牌为 2 时，若对家领出三带对 88855，上家出 22233 来压制，本家可以出四头炸 4444 获得领出权，然后再领出 66655，为对家送牌。

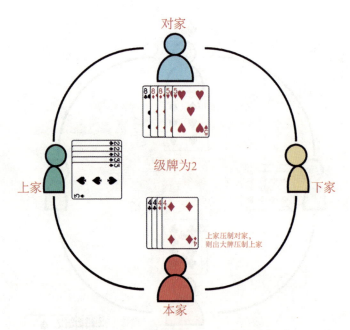

图 3-6-30 对家领出牌时本家压牌示意图

对家领出牌后，若领出牌型是本家上次出的牌型，则可以考虑对家在为自己送牌，本家就可以接牌。例如，本家前一圈领出对子，对家获得领出权后继续出小对子，这就是在向自己送牌，本家便可以继续出对子接牌。

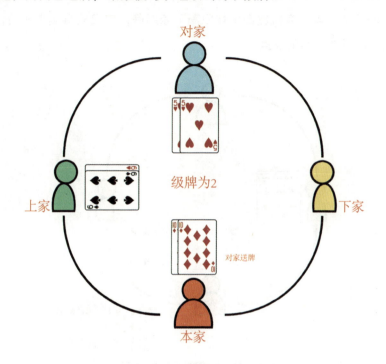

图 3-6-31　对家送牌本家接牌示意图

顶牌技巧

顶牌是指上家出牌后，为阻断其为下家送牌，本家需出较大的牌卡住下家，不给下家出牌的机会。

1. 顶牌的原则

本家顶牌时应坚持"出封顶牌回手"的出牌原则，先出大牌后出小牌，防止下家顺牌。

例如，上家出单张或对子，本家可以出单张级牌或一对级牌进行顶牌；上家出三带对或顺子，本家可以出封顶牌或直接出炸进行顶牌。

2. 顶牌后领出

顶牌成功后，便获得了领出权。此时，玩家要避免继续出对手的优势牌型，而要改出自己的优势牌型，切记不可领出上家刚出的牌型。

例如，当级牌为 2 时，上家领出顺子 45678，想要为下家送牌，若本家手中没有封顶回手的顺子，可以直接出四头炸阻断下家顺牌，自己获得领出权后，可以领出三带二或除顺子外的其他牌型。

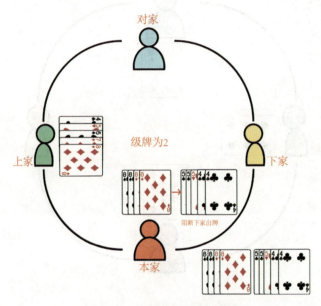

图 3-6-32　本家顶牌后领出示意图

第4节　贡牌的技巧

根据进贡规则，玩家在选择进贡的牌时，应该挑选手中除了红桃级牌之外的最大牌。但是，若手中拥有大王或小王，就无法自行选择进贡的牌，必须将大王或小王作为进贡牌。在还牌时，对于己方所得的牌必须是10以内的牌，而对于对方所得的牌则没有这个限制，可以是任意牌。

在选择还贡的牌时，必须确保这些牌不会破坏当前的牌型。同时，玩家要防止对手利用还贡的牌来填补他们的缺牌，或者利用还贡的牌来完善己方的牌型。因此，玩家需要在进贡还贡时做出明智的选择，以便在游戏中保持竞争优势。

给对方进贡还贡技巧

在选择进贡牌时，首先考虑级牌的花色。若手牌中存在与级牌同花色相邻或相近的牌，玩家应优先选择该花色的级牌，以防止对手利用进贡牌组成同花顺。然而，若手牌已经形成了同花顺，或者只需一张牌即可完成同花顺，那就应该保留该级牌，而选择其他花色的级牌进行进贡。

例如，当级牌为5时，手牌中有黑桃5、梅花5和方块5各一张，与5相邻或相近的牌为两张黑桃4和两张黑桃6，此时应选择黑桃5进贡给对方。

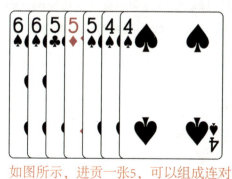

如图所示，进贡一张5，可以组成连对

级牌为5

进贡级牌

图 3-6-33　级牌为5时可给对方进贡的级牌示例图

　　还贡是一种策略性的行动，需要谨慎考虑，以避免对方利用还贡的牌形成致命的牌型。

　　一方面，需要警惕对方利用还贡的牌补齐四头炸。为了应对这种情况，可以优先选择从对子和三张中拆解出来的单牌进行还贡。因为对方手中拥有相同点数牌的概率较低，这样一来，即使对方手中有相同点数的牌，也不太可能形成四头炸。

优先选择牌

图 3-6-34　防止对方组成四头炸的还贡示例图

　　另一方面，需要警惕对方利用还贡的牌形成同花顺。为了应对这种情况，可以采取一系列策略。首先，可以选择还给对方同一花色中数量多且相邻的牌，这样可以降低对方组成同花顺的可能性。其次，可以选择还给对方与进贡牌花色相同且相邻的牌，这样也可以阻止对方轻易形成同花顺。最后，如果手中有红桃花色的牌，可以选择与级牌牌点相连的牌进行还贡。

优先选择牌

图 3-6-35　防止对方组成同花顺的还贡示例图

给己方进贡还贡技巧

选择给己方进贡级牌时，玩家首要考虑的是己方牌组合的完整性，特别是需要填补的缺牌。在确定级牌花色时，优先选择有利于己方的牌进行进贡，以增加对家收到贡牌后形成同花顺的可能性。

首先，检查手牌中除了红桃以外哪种花色的牌较少，然后考虑这种花色的牌是否与级牌相邻或相近。如果这种花色的牌数量稀缺，并且与级牌的大小不相邻或相近，就选择这种花色的级牌进贡。

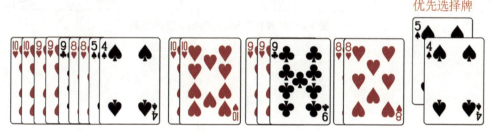

优先选择牌

图 3-6-36   级牌为 5 时可给己方进贡的级牌示例图

然而，在必须给己方进贡的情况下，如果级牌在 10 以内，并且手牌已经形成了包含该级牌的同花顺，或者只差一张牌就能组成同花顺，应该保留这张级牌，等待收到还贡牌以填补缺牌。

在还贡时，玩家应考虑给对家有利的牌，如帮助对家组成对子、三张、四头炸或同花顺，避免给对家累赘牌。选择自己手中单牌中牌点只有一张的牌还给对家，因为对家抓到这种牌的概率较高。

同时，在牌型较少或牌点不相邻的情况下，选择还贡牌可帮助对家组成同牌或同花顺。当无法确定还贡何牌时，选择牌点最大的单牌给对家，以增加对家手牌被顺出的可能性。

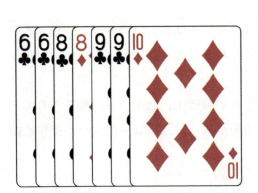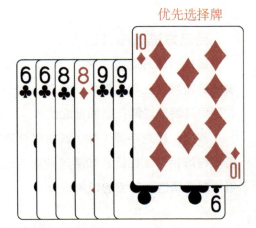

优先选择牌

图 3-6-37　帮助己方组成同牌的还贡示意图

第7章

掼蛋应变法

找到捷径，让对方
措手不及

第1节　倒着出牌还是顺着出牌

"前面顺着走，最后倒着走，剩下一两手，逼牌不犯愁"，这是掼蛋中最常见的一种逼牌战术，是一个向对手逐步施压、迫使其打出炸弹的过程。

这种战术的主要策略是玩家在游戏的后期以巧妙的出牌方式和与队友的配合控制出牌权，逼迫对手放出手中的关键牌，从而获取牌面上的优势。这种战术的应用需要玩家具备较高的观察力和判断力。

逼牌战术的基本原则

在掼蛋游戏中，每个玩家手中的牌数是固定的，逼牌战术的目的就是通过一定的手段，让对方在出牌时不得不出大牌或者炸弹，以消耗掉对方手中的优势牌。要运用逼牌战术，玩家需要先了解其基本原则。

1. 观察牌面

摸牌结束后，玩家需要根据自身的需求，将手中的牌进行组合排列，以便更好地出牌。开始出牌后仔细观察对手的出牌情况，关注牌面上出现的牌型和点数，从而分析出对手的牌型和可能的出牌策略，当对手的牌型已经暴露出来后，再采取逼牌战术。

2. 制造压力

通过连续出牌或控制牌权，引起对手的关注，从心理上给予对方压力。当发现对手出现犹豫或紧张时，可以乘胜追击，加大逼牌力度，使其自乱阵脚，打破出牌节奏。

3. 配合队友

与队友保持良好的沟通与联系，共同分析牌面情况和对方的出牌意图，通过相互交流和协作，共同制定出逼牌战术，确保战术的顺利实施。

逼牌战术的具体运用

1. 前面顺着走

在游戏的前期，玩家需要保持冷静，按照正常的出牌顺序出牌。同时，观察对手的的出牌情况，尤其是对手已经出过的牌，计算对方手中是否持有大牌或者炸弹。根据观察，玩家可以选择对方手中牌型较多的某一花色作为主攻牌，通过连续出顺子或者连对等，连续出这一花色的牌，迫使对方跟牌，从而逐步减少对方的牌数，削弱其牌力。

2. 最后倒着走

当游戏进入后半场，玩家看出对方手中牌数已经比较少时，便可采用倒着走的逼牌方式，逆着正常的出牌顺序出牌。例如，可以出一些较小的牌型（尤其是发现对方手中持有某一牌型较多的牌数时，可以出相同牌型的较小牌），或者对手已经出过的牌，倒逼对方使用大牌或者炸弹。在这个过程中，玩家需要根据对手的反应和出牌情况，灵活地调整自己的出牌策略。

3. 剩下一两手时逼牌逼炸弹

当牌局即将结束时，往往是逼迫对方出炸弹的关键时期。此时，玩家需要与队友相互配合，充分利用自己手中的牌和通过观察后所掌握的信息，加大逼牌力度，迫使对方尽快打出炸弹。

逼牌战术的注意事项

张弛有度：逼牌并不意味着一直压制对方，而是要做到张弛有度，根据实际情况适度逼牌。一旦过度压制，可能会导致对方反扑，对自身不利。

灵活应变：在运用逼牌战术时，要仔细观察对方的出牌情况和牌面变化，灵活调整策略，不拘泥于固定的模式。

控制自己的节奏和心态：在逼牌过程中，玩家需要注意控制自己的出牌节奏和心态，戒骄戒躁，始终保持清醒的头脑和冷静的判断力，不要因为一时的得失暴露自己的意图或失去控制牌局的机会。

逼牌战术是掼蛋游戏中一种重要的策略手段，需要玩家掌握基本的原则和具体运用方法，在实际游戏中与队友积极配合，以更好地掌控牌局，取得游戏胜利。

第 2 节　弱打强牌，强打弱牌

在掼蛋游戏中，每位玩家都希望能够在牌局中占据主导，"弱打强牌，强打弱牌"是掼蛋游戏中较为常见的两种战术策略，即通过心理战术，在牌局上制造假象以迷惑对方，让对方摸不清玩家的牌型。

弱打强牌

所谓"弱打强牌"是指，如果玩家手中的牌型较好，不应过于张扬，而是需要通过弱打的方式来迷惑对手，不轻易开炸、封压，让对手认为玩家手中的牌力不好，从而放低警惕，不刻意针对玩家实施堵牌、逼牌战术，也可被称为"欲擒故纵"。玩家采用"弱打强牌"策略，要注意这个策略的核心要点，即控制节奏、隐藏实力、制造假象、等待时机。

控制节奏：弱打强牌的关键在于控制玩牌的节奏。当玩家手中持有较好的牌型时，要通过慢打、跟注的方式，控制牌局节奏，让对手误以为玩家无牌可出，从而放松警惕，为玩家后期发起攻击创造机会。游戏进入最后时刻时，玩家可以出其不意攻其不备，一举击败对手。

隐藏实力：在牌局中，玩家要学会通过表情控制、言语暗示、肢体语言等进行伪装，进而隐藏自己的真实牌力。例如，玩家可以在拿到牌后，故意皱眉和叹气，给对手造成心理暗示，让其误以为玩家的牌不好；或者通过错过跟注的机会，让对手认为自己占据一定的优势。

制造假象：除了隐藏实力外，制造假象也是玩家弱打强牌的一个重要手段。玩家可以故意出一些较小的牌、放弃优势牌等，让对手对玩家的牌型判断失误。

等待时机：在弱打强牌的过程中，玩家要有一定要沉住气，密切关注牌局的变化，并在合适的时候发动攻势。发起冲击的最佳时机是对手牌面炸弹较少或心态不稳的时候。

例如，在一局掼蛋游戏中，本家和下家是对手。如果本家手中的牌型较强，可以选择采用强牌弱打的策略。本家可以先出一些小牌或者中等牌，隐藏自己的真实牌力，让下家误以为自己的牌力一般。这样，当游戏进入关键时刻，本家就可以突然发力，打出一系列强牌，一举击败下家。

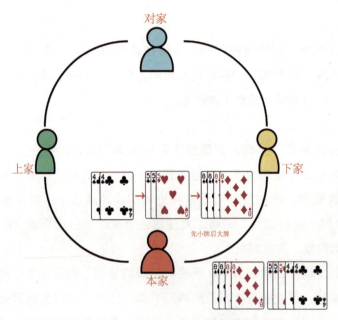

图 3-7-1　本家强牌弱打策略牌型示意图

"强打弱牌"是一种较为激进的打法，通过猛打一气的方式，给对手造成玩家牌力很强的假象，以诱导对方通过放出炸弹来牵制玩家，从而消耗对方的牌力，为队友制造机会。采用"强打弱牌"的策略，需要玩家具备高超的观察力，能够准确判断对手的牌力。

观察对手：当手中的牌力较弱时，玩家需要保持镇定，密切关注对手的面部表情、肢体语言和下注习惯，还要通过计算判断对手是否在迷惑你。这样，玩家才能灵活调整自己的策略。

主攻上家：正常打牌时，一般玩家都是对下家开展攻势，但如果要实行"强打弱牌"的策略，玩家就需要转换思路，打上家。主攻上家，不仅可以让队友顺利过牌，从而抢上游，还可以保持牌型，控制牌局，出想出的牌，为队友吸引火力，以减轻其压力，顺利过关。

灵活应变：强打弱牌并不意味着玩家需要一直强硬到底，可以根据牌局的变化及时调整策略，如，当玩家出三不带、炸弹时，发现对手并没有跟注，那可能就表明对手看清了自己的套路，就需要玩家收手，避免陷入更大的风险。

比如，在一局掼蛋游戏中，本家和下家是对手。在某一轮出牌中，本家手中的牌型相对较弱，只有一些较小的单牌和对子，而下家则拥有一副较强的牌型，包括几个大牌和顺子。在这种情况下，本家可以选择采用强打弱牌的策略：先出一些小牌，故意制造出一种自己牌力较强的假象，让下家产生误判。同时，本家可以通过表情、语气等方式表现出自信和强势，增加对下家的心理压力。如果下家被这种假象所迷惑，可能会选择保留大牌，从而为本家创造机会。

然而，如果下家并未被本家制造的假象所迷惑，而是坚定地跟牌，那么本家可能会因为手中的弱牌而陷入困境。此时，就需要及时调整策略，避免进一步的损失。

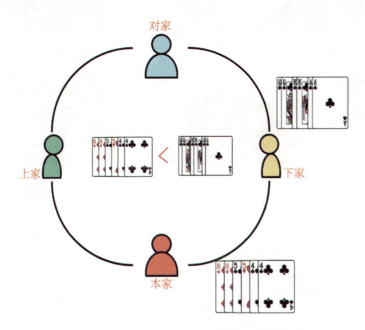

图 3-7-2　本家与下家的牌型对比示意图

第四篇

4

出牌如博弈，布局要灵活

掼蛋实战进阶篇

第四篇

掼蛋实战进阶篇

出牌如博弈，布局要灵活

第8章

对弈心理战

那些年被我们坑过的
"上家""下家"

第 1 节　压制上家出牌

在掼蛋游戏中，压制上家出牌是一种策略性行为，目的是通过压制上家出牌，打乱其出牌的计划，玩家自己控制游戏的节奏和走向，从而为自己和队友创造更好的出牌机会。

压制上家出牌的方式

在掼蛋游戏中，压制上家出牌是赢得胜利的关键之一，玩家可以利用游戏独特的规则和策略来判断上家的牌型，从而有效压制上家出牌。具体来说，压制上家出牌可以通过以下几种方式。

顶住上家：尽量避免为上家提供出牌机会，当玩家手中有大牌时，可以利用大牌对上家进行压制，从而直接打断上家的出牌节奏。尤其是在上家出炸弹的情况下，玩家如果持有的炸弹比上家大，就坚决出牌压制，以免上家有跑牌的势头。如果上家出了一种特定的牌型（如顺子、三连对等），玩家可以通过出相同或更高级别的牌型来进行压制。

例如，上家出了一个较大的单牌，比如一张 Q，而本家自己手中有一张 A 和一张 K。此时，本家可以考虑出一张 A 来压制上家，这样上家便无法继续出更大的单牌，同时由于自己已经出了一张较大的牌，下家也会认为本家手上的牌型较强，而不敢轻易出牌。这样本家便掌控了牌局，为接下来的出牌创造了优势。

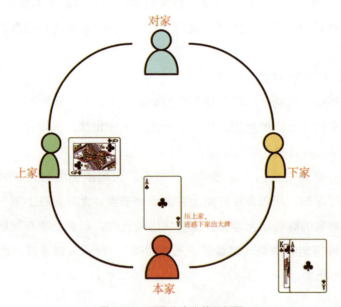

图 4-8-1 顶住上家出牌示例图

配合队友压制：与队友紧密配合也是压制上家出牌的重要手段。在掼蛋游戏中，队友之间的配合往往可以更有效地压制对手出牌。一副牌开始前，玩家可以与队友协商好出牌策略，共同压制上家出牌。例如，当玩家算到队友手中有炸弹时，可以在上家出牌时故意不出牌，让队友有机会使用炸弹来压制上家。

灵活运用牌型：在游戏过程中，不同的牌型具有不同的压制效果。例如，炸弹可以直接压制上家出的所有牌型；顺子可以阻断上家连续出牌；对子和三连对等牌型也可以在上家没有对应牌型时进行压制。因此，在游戏中，玩家需要根据具体情况灵活运用各种牌型，以达到压制上家出牌的目的。

掼蛋游戏中压制上家出牌的方式有很多，玩家可以通过运用多种策略和技巧，在游戏中更好地压制上家出牌，赢得更多的胜利。

选择压制上家出牌的主要情况

在掼蛋游戏中，玩家对上家实施压牌战术，并非在游戏开局便开始进行，而是要根据实际情况，选择是否对上家实施压牌战术。因此，选择压制上家出牌一般基于以下几种情况。

玩家手中有强牌时：如果玩家手中持有大牌或炸弹等强牌时，可以选择压制上家出牌，通过有效打断上家出牌的节奏，迫使上家拆散手中的牌型，从而打乱上家原有的出牌计划，将牌局控制在自己手中，减少上家出牌的机会。

上家牌型较好时：玩家如果通过观察发现上家的牌型较好，在之后的游戏过程中可以轻松出较高分值的牌，这时玩家就需要尽量压制上家，避免让上家主控全场，也避免自己被拉开较大的分差。

需要掌握主动权时：在游戏中，掌握主动权非常重要。当玩家依据自己的牌型判断需要掌握游戏节奏、控制局势时，可以选择压制上家出牌，这样一方面玩家可以更好地规划出牌策略，减少因节奏失控而犯下的错误；另一方面可以增加自己和队友的出牌机会，降低上家的战斗力，增加胜利的机会。

总之，玩家在观察到上家有优势牌型或者牌面较大时，为了保护队友或掌控局势而需要压制上家出牌。这种策略性的压制可以帮助玩家更好地控制游戏的进程，增加胜利的机会。

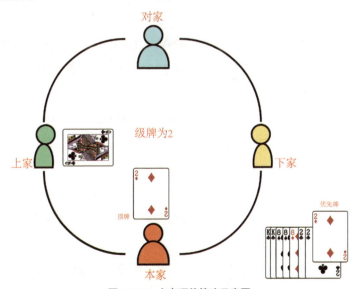

图 4-8-2　本家顶牌策略示意图

第 2 节　阻止下家出牌

在掼蛋游戏中，每一场牌局都是一场智慧的较量，玩家需要灵活搭建自己手中的牌型，准确地判断和制定缜密的策略，以赢得游戏的胜利。阻止下家出牌是掼蛋游戏中常用的技巧，通过阻断其出牌的机会，有效干扰下家的出牌计划。

阻止下家出牌的技巧

在掼蛋游戏中，玩家有时会遇到一些特殊情况，这便需要采取一些战术来阻止下家出牌。阻止下家出牌的技巧通常有以下几种。

顶牌：当玩家手中的牌型无法形成大的组合时，如炸弹或同花顺，可以选择拆散较大的对子或其他组合，以出单牌的方式控制下家的出牌节奏，拦截其出牌。但玩家需要注意的是，在使用顶牌战术时，要注意保持自己手中牌型的整齐度，以便在后续出牌中保持优势。

控制垫牌：观察分析手中的牌型，尽量保持自己手中的牌型整齐与连贯。如果手中的牌型较好，能够形成连续的顺子或者炸弹，具备冲刺上游的能力，那么可以适当垫牌。如果牌型较差，则需要主攻控制，彻底放弃垫牌，阻断下家出牌的机会。

配合队友：与队友保持良好的沟通与配合，共同阻止下家出牌。例如，可以通过传递特定的牌型给队友，让队友有机会阻止下家出牌。玩家需要时刻关注队友的出牌情况，了解队友的牌型和牌力。

总之，玩家要依据场中实际情况，灵活运用多种战术与技巧，做到知己知彼、百战不殆，方能有效阻止下家出牌。

阻止下家出牌的主要时机

在掼蛋游戏中，阻止下家出牌的策略多种多样，玩家要依据当前牌局的形势、玩家的牌型等情况来灵活进行选择。玩家需要通过观察与思考，抓住主要时机，采取策略阻止下家出牌。

上家向下家递牌时：当上家向下家递牌时，玩家要学会"递牌必堵"，只要玩家可以堵截，就应该尽量堵截，不要让下家顺利出牌。

下家牌型较强时：玩家通过牌局观察到下家的牌型整齐、牌力较强，特别是持有炸弹等强力牌型时，要优先考虑阻止下家出牌，通过控牌或使用合适的牌型压制下家。

保护队友出牌：当队友需要冲刺时，为了保证队友顺利出牌，需要阻止下家出牌，以助力团队取得胜利。

下家即将完成关键任务时：在游戏过程中，下家可能为了占据一定的优势而改变自己的牌型，如组成炸弹。玩家可以通过观察，判断下家是否在完成关键任务。例如，下家手中剩余的牌数较少，且之前出过的牌型较为单一，那么下家可能在拼凑最后一张或几张关键牌。为了打断其计划，玩家需要及时阻止下家出牌，从而破坏下家的牌型结构，阻止其完成关键任务。

牌局进入后期：当牌局进入后期阶段，剩余的牌数较少时，可以通过阻止下家出牌的方式为自己团队争取更多出牌的机会。

总之，玩家要综合考虑多种情况，要在熟悉游戏规则的基础上，根据具体情况来判断何时阻止下家出牌。

第 章

搭档不一般

"神级"掼蛋搭档练成记

第 1 节　做个好搭档

在掼蛋游戏中，搭档的重要性不言而喻。在游戏过程中，每个人的牌型和牌力都会有所不同，这时就需要与搭档默契配合、相互协助。一个优秀的搭档可以根据队友的需求，及时制定出合理的出牌策略，提升整个团队的战斗力。因此，玩家需要将自己培养成一名"神级"搭档，以更好地配合队友，赢得游戏的胜利。

团队分工配合

掼蛋游戏需要团队合作，分工配合是取得胜利的关键要素。玩家需要与队友明确各自的角色和职责，并保持紧密的沟通，给予彼此鼓励和支持。

首先，明确角色定位。在掼蛋游戏中，队友之间可以根据各自持有的牌型的好坏或牌力的强弱进行角色分配，明确谁是主攻方，谁是助攻方。通过明确角色定位，可以制定相应的出牌策略，从而提高团队的整体战斗力。

其次，注重信息共享和决策协调。团队成员应及时分享关键信息，确保自己与队友都掌握牌局的形势。在制定策略时，要考虑到团队整体的利益，确保策略的公平性与有效性。通过共同制定出牌策略，提高团队胜算率。

在掼蛋游戏中，团队分工配合需要每个成员的努力与协作，玩家与队友之间相互信任，才能具备灵活应对变化的能力。

完美配合队友

在掼蛋游戏中，玩家作为搭档需要与队友完美配合，才能争取最后的胜利。如何配合队友，玩家可以从以下几点进行努力。

首先，建立有效的沟通渠道。在游戏开始前，与队友进行简单沟通，了解队友的牌型特点与出牌风格。在游戏过程中，及时与队友分享手牌信息、对手的出牌情况及自己的出牌意图，确保双方对牌局有清晰的了解。

其次，学会观察和判断。与队友配合时，要密切关注队友的出牌方式、顺序和牌型，如队友喜欢出对子，玩家可以适时地出对子或三带对等牌型予以配合。

再次，相互支持与补位。当队友面临困境时，玩家要及时伸出援手，通过调整策略，协助队友脱困。当自己无法顺利出牌时，也要给予队友信任。双方互相补位，才能确保团队的出牌节奏不被打乱。

最后，保持冷静与理智。在游戏中，无论遇到任何情况都要保持冷静思考，尤其是当与队友的意见不同时，也要以平和的心态进行沟通，与队友共同解决问题，保证游戏顺利进行。

主攻方打牌思路

在掼蛋游戏中，主攻方的打牌思路至关重要，它涉及玩家如何有效利用手中的牌型，与队友配合，压制对手，取得胜利。以下是关于主攻方打牌的一些思路。

优先组成特定牌型：特定牌型如三连对、三顺等在牌局中较难出现，因此组成这类牌型的概率较低。如果主攻方可以优先组成这类特定牌型，而对手没有相应的牌型，那么对手要么选择过牌，要么选择出炸弹。这样一来，主攻方就可以选择使用逼牌战术。因此，在组牌时，主攻方应优先考虑组成特定牌型，以压制对手，有效控制牌局。

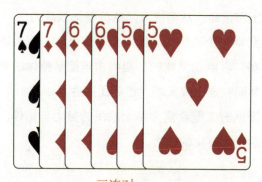

三连对

三顺

图 4-9-1　特定牌型示意图

适当保留回手牌：主攻方要注意各种牌型的回牌能力，在打牌的过程中，需要保留一些能够回手的牌，以便在需要时继续出牌。

掌握主动与集中兵力：掼蛋的主要玩法是争先、抢上游。主攻方应掌握出牌的主动权，选择合适的时机将手中不占优势的小牌先出掉，再凭借其他优势牌型赢回出牌的主动权。在牌型最佳组合的基础上，主攻方应该集中火力。当发现己方实力不济时，可以集中兵力"二打一"，从而获得有效阻击。

助攻方打牌思路

助攻方的主要任务是作为主攻方的辅助，帮助其争夺上游。因此，助攻方的出牌思路主要是围绕与队友的配合来展开的。

组牌时考虑牌路：助攻方在组牌时，需要保留单张、顺子和三带对这种高频牌型，从而在主攻方需要时为其送牌。牌点小的单张或者对子更便于为队友送牌。

保持牌型整齐：助攻方在打牌过程中，应尽量保持自己手中的牌型整齐、牌路灵活，为后续的配合和走牌提供便利。

配合队友升级：助攻方需要观察队友的出牌情况，根据队友的出牌情况和牌型，灵活调整出牌顺序，通过合理搭配牌型帮助队友更快升级。

适时保留关键牌：留牌是进入尾声阶段时为了方便为队友送牌而应保留的手牌。助攻方需要根据队友的出牌情况，保留为队友送牌的关键牌。例如，队友只剩下一张牌，助攻方推测队友余牌为王牌时，可以领出单张 J 为队友送牌。

掼蛋游戏需要与队友紧密合作，共同应对挑战。因此，玩家需要在游戏中要不断总结经验，争取早日成为一个好搭档。

第 2 节　牺牲精神不可少

在掼蛋游戏中，作为搭档万万不可缺少牺牲精神，在某些关键时刻要为了团队的胜利而做出自我牺牲的决策。

首先，在出牌时，要时刻关注队友的需求，并根据现有的牌型和出牌情况来调整自己的出牌策略。如果队友需要某种特定的牌型走牌，作为搭档应该灵活调整自己的牌型来给队友递牌，为队友创造更好的出牌环境。例如，当队友手中的牌型偏向于三连对时，搭档可以主动出三连对或拆散手中的牌型来组成三连对，以便队友能够顺利走牌。

其次，在关键时刻，作为搭档，为了替队友解围，需要毫不犹豫地出大牌或者炸弹来压制对手，即使这样会导致自己后续出牌困难或暴露牌型，也要勇于为了整个团队的胜利牺牲自己。

最后，为了保持队友的出牌优势，避免队友被对手压制，作为搭档需要在必要时刻主动放弃一些好牌。

其实，牺牲精神不仅仅体现在行动上，还体现在心态上。在游戏过程中，玩家要保持积极的心态，时刻将团队的利益放在首位，不计较个人的得失，具有大局观和长远的眼光，不会为了一时的得失影响与队友的配合和游戏的进程。

在掼蛋游戏中，玩家要具备观察、理解、配合、沟通以及个人技能等多方面的能力。通过不断地实践和总结经验，玩家可以逐渐掌握牺牲的精髓，成为团队中的优秀搭档。

术语大揭秘

1. 一副牌

四名玩家围坐一桌，从抓第一张牌开始，经过几圈出牌，最终确定上游、二游、三游和下游的过程。

2. 一局

在掼蛋比赛中，双方从打 2 开始按照顺序升级直至过 A 比赛结束，为一局。

3. 全副牌

在一副牌中，四名玩家所抓得的全部牌张，共有 108 张。

4. 全手牌

全副牌被四名玩家按照顺序抓完，每名玩家手中持有的全部牌张为 27 张。

5. 一手牌

一名玩家在一次出牌过程中所打出的牌，可以是单张牌也可以是多张牌。

6. 一圈牌

四位玩家按照逆时针方向顺次出牌并进行压制的过程。在一圈牌中，后出的牌需要大于前出的牌，若玩家没有较大牌则可以过牌不出，连续三人过牌不出则该圈结束。

7. 领出牌

每圈牌第一次出的一手牌。

8. 游数

在一副牌中，根据每位玩家出完各自全手牌的先后顺序来判定游数。第一个出完手中所有牌的玩家为上游，然后依次为二游、三游，最后一个出完牌的玩家为下游。

9. 双下

在一副牌中，一方的两位玩家都比对方的两位玩家先出完牌，此时对方的两位玩家就被称为"双下"。

10. 升级

一副牌结束后，只有上游所在方可以升级。队友获得二游，可升三级；队友获得三游，可升二级；队友获得下游，可升一级。

11. 过 A

在掼蛋中，级数 A 是必打的，任何一方都不能通过升级跳过 A。过 A 则是指打 A 的一方中一位玩家是上游，其队友不是下游，则获得牌局的胜利。

12. 级数

共十三个级数，从小到大依次为 2、3、4、5、6、7、8、9、10、J、Q、K、A。

13. 级牌

牌点数值与上一副牌中上游玩家所升至级数一致的各个花色牌，共 8 张。首副牌的级牌为 2。

14. 逢人配

特指红桃级牌。这是一种特殊的牌，它具有极高的灵活性，可以充当除大小王之外的任意牌，参与不同牌型的组合。

掼蛋 · 完